〔德〕雷纳·齐特尔曼（Rainer Zitelmann）

1957年生于德国法兰克福。历史学博士（1986年）、社会学博士（2016年），先后供职于柏林自由大学（1987~1992年）、德国著名出版集团乌尔施泰因集团（1992~1993年，高级编辑）、德国《世界报》报社（1993~2000年，栏目主编）。

2000年创办自己的公司，该公司现已发展为德国房地产行业的领先公关咨询公司，2016年由齐特尔曼博士出售给他的合伙人。

齐特尔曼博士还是一名成功的地产市场投资人，因经营房地产企业和投资房地产而实现财务自由。迄今为止，他已出版近30部著作，以多种语言发行，在全球范围内获得了成功。

# 富人的逻辑

## 如何创造财富，如何保有财富

### （第二版）

# FINANCIAL FREEDOM

## How to Create Wealth and Hold onto It

### (Revised and updated edition 2022)

〔德〕**雷纳·齐特尔曼**（Rainer Zitelmann）◎ 著

**祝得彬　李凤芹** ◎ 译

社会科学文献出版社
SOCIAL SCIENCES ACADEMIC PRESS (CHINA)

# 目　录

1

# 第二部分　如何保有财富

# 序言　从富豪到穷光蛋

曾经排名世界第一的网球名将鲍里斯·贝克尔（Boris Becker，1999 年退役），2017 年 6 月 21 日被伦敦高等法院宣布破产。据说，因为贝克尔未能偿还 2015 年就积欠的长期债务（1050 万欧元），英国私人银行阿巴斯诺特-莱瑟姆向法院提出了针对贝克尔的破产申请。贝克尔的律师请求法庭休庭 28 天，让他有机会通过重新抵押他位于西班牙马略卡岛的价值 600 万欧元的别墅来偿还债务。但是法院拒绝了这一请求，贝克尔的财务问题也就暴露在世人面前。① 据报道，2019 年 6 月 24 日，贝克尔被迫拍卖他的 82 件藏品，包括 1989 年美国网球公开赛的奖杯，以偿还债务。2019 年 7 月 11 日，处理贝克尔破产案的公司称，它组织了一场网上拍卖会来拍卖贝克尔的纪念品，这次拍卖会共筹集了 68.7 万英镑。但是，2019 年

---

① https://www.vermoegenmagazin.de/boris-becker-vermoegen/.

i

11 月 5 日，贝克尔被判定藏匿价值超过 450 万英镑的资产后，① 破产限制又延长了 12 年，直到 2031 年 10 月 16 日才能解除。

贝克尔是世界罕见的非常成功的网球运动员之一。他总共赢得了 49 场单打比赛和 15 次双打冠军，他赢得的 6 个大满贯中有 3 场胜利是在温布尔登网球锦标赛上获得的。他在世界排名方面总共领先了长达 12 周。在他的网球职业生涯中，他赢得了超过 2500 万美元的奖金，还有数百万美元收益来自代言和广告合同。他一度身价超过 1 亿美元。如今，他几乎失去了一切。

贝克尔陷入财务困境的原因对许多名人和退役运动员来说是典型的。据报道，因为与前妻芭芭拉离婚，贝克尔损失了 1440 万美元。但他还过着奢侈的生活，在伦敦的 1 栋别墅每月租金将近 4 万美元。多年来，他还花了大量资金多次翻修位于马略卡岛的别墅。

与许多职业运动员一样，贝克尔在体育生涯结束时尝试过创业。他拥有 3 家汽车经销店，但他对它们都不满意。他是互联网门户网站 Sportgate 的所有者之一，该网站于 2001 年被宣布破产，而且他经常与税务机关发生口角。2002 年，贝克尔因逃税被判处两年监禁，不过缓期执行。他还需要支付巨额罚款。此案围绕贝克尔故意在纳税申报表中做虚假申报以节省 200 万美元的指控展开。

---

① https://www.gov.uk/government/news/beckers-bankruptcy-restrictions-extended.

　　贝克尔绝非例外。几乎每个星期，媒体都会报道名人、运动员和流行歌星的故事，他们赚了很多钱，最后却失去了一切。"流行音乐之王"迈克尔·杰克逊（Michael Jackson）去世时欠下 4 亿美元债务，传奇歌手狄昂·华薇克（Dionne Warwick）不得不宣布破产，世界著名"灵魂天后"惠特尼·休斯顿（Whitney Houston）在 2012 年去世时欠债高达 400 万美元。与流行歌星一样，职业运动员也容易破产，尽管其中许多人在职业生涯中赚到了数百万美元。统计数据显示，尽管 NBA 职业球员在职业生涯中平均年收入为 500 万美元，[①] 但其职业生涯结束后的 5 年里，5 个人当中就有 3 个人破产。迈克·泰森（Mike Tyson）作为全世界最成功的职业拳击手之一，其辉煌的职业生涯却因他铺张浪费和滥用毒品以财务破产告终。截至 2012 年，他欠下的债务估计达到 3000 万美元。[②]

　　克劳迪娅·科德-基尔施（Claudia Kohde-Kilsch）是 20 世纪 80 年代德国知名度第二高的女子网球明星，排名仅次于斯特菲·格拉芙（Steffi Graf）。1987 年，她在温布尔登网球锦标赛赛场上赢得女子双打冠军，并获得约 200 万美元的奖金，这笔钱由她的继父代为打理。1999 年，当职业网球生涯即将结束时，她意识到奖金已经分文不剩。科德-基尔施对继父提起诉讼，官司持续多年，直到她的继父于 2004 年去世。科德-基尔施的音乐品牌在商业上失败后，她不得不在 2011 年宣布

---

①　Staud, Wieland, *Making Money. 51 Irrtümer, die Sie vermeiden sollten*, Munich, 2011, 9.

②　"Vom Millionen-Star zum Pleitegeier," Handelsblatt. com, January 26, 2012.

破产。她告诉一家德国报纸："我有育儿补贴和抚养费。几个月来我一直在一家房地产经纪公司工作，这足够我支付房租，我希望能够慢慢振作起来。"①

网球明星科德-基尔施的情况也并非特例。20世纪80年代，法兰克福的埃因特拉赫特足球队有半数队员因投资房地产避税计划而损失大笔钱财。名人在封闭式投资基金和避税计划中进行不明智的投资，这样的例子比比皆是。

德国前足球教练魏纳·洛兰特（Werner Lorant）就是因为购买德国东部的房产而破产。这样的投资起初看来是少缴纳个人所得税的聪明之举，结果却让他陷入潦倒的境地。正如一家报纸在2011年11月25日所报道的："洛兰特在做职业足球运动员时期（他所效力的法兰克福队在1981年夺得欧洲联盟杯冠军）和后来当教练期间，肯定赚了几百万欧元，如今正面临财务困境。他在距慕尼黑不远的奥伯多夫购置的豪宅已经被强制出售。"② 据报道，洛兰特现在像隐士一样住在德国上巴伐利亚地区的一处湖边房车营地。"房车的主人是洛兰特曾经执教的慕尼黑雄狮足球队的忠实球迷，他为洛兰特提供了栖身之所，让他在那里免费居住。"③

这些故事绝非例外，实际上只是所有真相的冰山一角。它

---

① "Deutsche Pleite-Promis. Wie Schauspieler, Entertainer und Sänger ihr Geld verloren," *Das Investment. com*, June 25, 2009.

② "Rentner Werner Lorant und sein Leben auf dem Campingplatz," *Augsburger Allgemeine*, November 25, 2011.

③ "Rentner Werner Lorant und sein Leben auf dem Campingplatz," *Augsburger Allgemeine*, November 25, 2011.

们之所以被大肆报道，是因为故事所涉及的人都是本来就生活在镁光灯下的名人。还有很多人与他们有着同样的命运，这些人要么继承了一大笔财产，要么买彩票中了大奖，或者通过辛勤工作赚了很多钱，到后来却失去了一切。

不管奖金数额多大，许多买彩票中奖的人会在几年之内将中奖所得的钱全部花光。2001 年 8 月，46 岁的失业者、美国肯塔基州人戴维·李·爱德华兹（David Lee Edwards）因为买"强力球"彩票中了 4100 万美元。① 仅仅 12 年后，他在距离辛辛那提 140 英里②的家乡阿什兰孤独去世。彩票中奖后，他曾对记者说："我不想在得到这笔钱时买大房子和汽车，以及用这笔钱做这件事或那件事。我希望能带着谦恭之心接受这笔钱。我希望这笔钱够负担我、未来的妻子还有子孙后代的生活。"

这种情况绝非偶然。实际上，只有一小部分彩票中奖者能够坚守初心。

爱德华兹的彩票奖金纳税后剩下 2700 万美元，他花了 150 万美元为自己和 27 岁的未婚妻购置了佛罗里达州的 1 栋 6000 平方英尺（约 557 平方米）的别墅。别墅前停着特别多的豪车，其中还有 1 辆兰博基尼，以至于邻居怀疑他做非法倒

---

① 引自德国《世界报》（*Die Welt*）2013 年 12 月 4 日刊登的一篇报道，题为《乐透百万富翁在救济院孤独而贫穷地去世》（"Lotto-Millionär stirbt einsam und arm im Hospiz"）；参见《纽约每日新闻报》（*New York Daily News*）2013 年 12 月 3 日刊登的一篇文章，题为《失业者中了强力球彩票却在救济院去世》（"Unemployed Ex-con Turned Powerball Winner Dies in Hospice"）。

② 1 英里约合 1.6 千米。——译者注

卖汽车的生意。没多久，他又把一些高档汽车开到了加利福尼亚州，因为他在那里买了第二栋别墅。

中奖几个月后被称为"彩票之王"的爱德华兹向电视台记者炫耀了花费 3 万美元买的电视机、价值 7.8 万美元的镶钻石的金戒指，还有花 15 万美元收藏的 200 把剑、中世纪盔甲和其他兵器，后来他又在赛马、私人飞机和毒品上花了很多钱。12 个月后，他就花掉了 1200 万美元，几乎是那笔奖金税后金额的一半。这笔钱彻底花光后，银行没收了爱德华兹的房产，他只好搬到仓库去住。他去世后，他的女儿在脸书（Facebook）上发帖说："他分文不剩，把钱花光了。"当初，爱德华兹可是承诺过要让女儿过上衣食无忧的生活。

德国汉诺威的失业地毯工人洛塔尔·库兹德洛夫斯基（Lothar Kuzydlowski）在 1994 年中了 390 万德国马克（约合 200 万欧元）的乐透彩票大奖。① 报纸喜欢称他为"'乐透'·洛塔尔"（Lotto Lothar）。他也买了 1 辆兰博基尼轿车，还大把花钱，花天酒地，甚至在 1 条金项链的吊坠上刻上"LLL"——代表乐透（Lotto）、洛塔尔（Lothar）和兰博基尼（Lamborghini）。洛塔尔中彩票 5 年后，因肝硬化去世。他的遗孀和他生前的情人为获得他的遗产争斗了多年。

英国的迈克尔·卡罗尔（Michael Carroll）2002 年购买国家彩票中了 970 万英镑，之后他将 400 万英镑给了家人和朋

---

① 引自德国《柏林日报》（*Berliner Zeitung*）2013 年 3 月 13 日刊登的一篇文章，题为《赌博、挥霍、分配》（"Verzockt, Verprasst, Verteilt"）。

友，然后用高档汽车和位于诺福克郡的 1 栋别墅来犒劳自己。[1] 他聚众吸毒、饮酒，赌博又输掉一些钱，最终误入违法犯罪的歧途。彩票中奖 8 年后，他几乎没钱了。他认为自己还算幸运，在苏格兰北部埃尔金镇的沃克斯黄油酥饼厂找到 1 份工作，每周赚 204 英镑。

1994 年，德国的失业者迈克尔·B.（Michael B.）中了约 273 万德国马克（约合 140 万欧元）彩票。[2] 据他的前妻说，从那以后，他的人生座右铭就是："我过一天算一天，活在当下，追求极致。"他为自己和家人买了几辆汽车。由于认定彩票中奖者无须操心驾照的事情，他多次被发现无证驾驶，最终在第八次被抓到后入狱。此前，他创办了两家公司，这两家公司在他入狱期间都破产了。彩票中奖仅 16 个月后，迈克尔除了债务什么都没有了。他不得不卖掉房子、波斯地毯以及其他个人资产。之后，他又开始买彩票，盼望能再中一次大奖。

奥地利的仓库管理员京特·舍尔塔纳（Günther Scherthaner）2001 年 6 月 24 日中得 1000 万奥地利先令（约合 72.7 万欧元）的头等奖。[3] 奥地利 1 家有声望的保险公司的"财务顾问"告诉他，有个稳赚不赔的投资计划，可以让他的钱至少翻一番。不过，舍尔塔纳不愿意把所有奖金都用来投资，而是

---

[1] 引自英国《每日镜报》（*The Daily Mirror*）2013 年 7 月 7 日刊登的一篇文章，题为《彩票蠢人迈克尔·卡罗尔：我每周在一家饼干厂赚 204 英镑，我喜欢这份工作》（"Lotto Lout Michael Carroll: I Earn £204 a Week in a Biscuit Factory and I Love It"）。

[2] 引自德国明镜电视台 2002 年 12 月 16 日的一则报道。

[3] 引自 2012 年 5 月 19 日刊登在奥地利《皇冠报》（*Kronen Zeitung*）上的一篇访谈。

花了 300 万先令买了 1 栋配备家庭影院的房子。根据这位"顾问"的建议，他把其余 700 万先令做了投资。然而，股票市场波动和货币投机行为在接下来的 10 年里吞噬了这 700 万先令，还让舍尔塔纳背负了 10 万先令的债务。

在谷歌搜索引擎上搜索"失去一切的彩票中奖者"或类似的短语，会出现来自世界各地的数百个类似报道。报社喜欢报道这类事情，经常暗示从中可以汲取以下具有道德警示意义的教训：金钱终究买不来幸福。财务状况没那么好的读者可以松一口气，安慰自己说：2 万美元的年薪和 1.8 万美元的储蓄带来的快乐，很可能要远胜于那些拥有数百万美元的人享受的快乐。因为后者要面对的挑战只会让人堕落和破产。人们阅读关于体育明星、流行歌星和好莱坞演员债务缠身最终不得不宣布破产的报道，或许有同样的效果。

数百万人每周玩彩票，并一直希望中大奖，他们想当然地相信上文说的这一切都不会发生在他们身上，坚信他们不会犯同样的错误，不会禁不住那些诱惑成为牺牲品。他们坚信中奖后不会去购买高档汽车，也不会把钱浪费在狂野派对上或在赌场大肆挥霍，而是会用这笔钱做明智的投资安排。

尽管如此，研究却表明大多数彩票中奖者在中了大奖的短短几年后的境遇比中奖之前的境遇还要糟。有一点是大多数人所不了解的：守住 100 万美元要比赚 100 万美元更难，更别提让资产升值了。大多数人认为，只要他们拥有 100 万美元，最多 1000 万美元，就可以过上衣食无忧的生活。那些彩票中奖者、演员、流行歌星和运动员，无论是通过一夜暴富还是靠在职场上打拼多年取得成功赚到几百万美元后，也都是这样想的。

我并不是说赚 100 万美元很容易，但我的确想让你明白，**除非你知道如何进行明智的投资从而让这笔钱增值，否则拥有100 万美元不会给你带来任何好处。理财是我们必须要学习的，而这也是可以学会的。没学会理财的人，钱财流失速度之快超出他们的想象。要让财富保值、增值，我们要有智慧，还要对投资策略有所了解，否则无一例外地会失去手里的钱，不管是 100 万美元、1000 万美元，还是 1 亿美元。**

许多人对理财持怀疑态度。他们觉得理财这件事过于复杂，只有专家才能搞清楚。虽然十分清楚理财的重要性，他们却不愿理财。他们宁愿相信别人，即那些他们以为是专家的人，而这种看法有时是错误的。很多时候，他们的信任遭到辜负，他们迟早会放弃理财的念头。这种事情是不是听起来很熟悉？

本书要讲的内容是：**帮你学会打理好自己的财务。**那么这本书与其他关于投资策略和在财务上取得成功的书有什么不同呢？

在本书中，你会看到**以简单易懂的语言总结、提炼出来的"财富研究"领域最重要的新发现。**在德国，财富研究是一个相对较新的研究领域，虽然这个领域取得的研究成果出现在博士论文、学术文章及研究报告中，但尚未惠及更广泛的受众。投资理论同样如此，也与成功投资定律有关。

与任何一门学问一样，这些投资理论有自己的术语，让许多人望而却步。最近有一篇非常有意思的德语博士论文，其研究成果已被包含在本书中。这篇论文的目录全是英文术语，比如 Equilibrium Accounting（平衡结算）、Recency Bias（近因偏差）、Overconfidence（过度自信）、Emerging Market Premium（新兴市场溢价）、Return Reversal（收益反转）、Portfolio Rebalancing（投资组合再平衡）。这些术语可能会吓退哪怕以英语为母语的人。虽然金融领域的专家认为这些术语令人兴奋，但大多数投资者有可能感觉它们有些艰深。

除了关注财富和投资领域的前沿科研成果外，我还密切关注了**许多靠做生意赚到几千万美元或者上亿美元甚至几十亿美元的人**，他们涉猎的领域和事物多种多样，从房地产业、酒店业、公共卫生领域、股票、自然资源到发酵粉、乳酪和酸奶。通过对这些人进行观察并与他们交谈，以及评估财富研究与投资理论方面的研究成果，我有了一些见解，这里试图以浅显易懂的语言呈现。正如著名投资家沃伦·巴菲特（Warren Buffett）所言："如果你理解了一个想法，你可以把它表述出来，让其他人也能理解这个想法。"[①]

本书的第一部分教你如何创造财富，第二部分讲的是在你获得财富后如何让财富增值，而不是看着它缩水。本书会告诉你需要避开哪些陷阱、忽略哪些财务顾问、如何通过明智的投资来最大限度地降低风险和让财富保值及增值。这样你就能最大限度地享有财务自由。

---

① Buffett, Mary, David Clark, *The Tao of Warren Buffett: Warren Buffett's Words of Wisdom: Quotations and Interpretations to Help Guide You to Billionaire Wealth and Enlightened Business Management*, New York, 2006, 123.

# 第一部分　如何创造财富

# 第一章　金钱能买到幸福吗?

读完所有这些突如其来的财富致人破产的事例后，你可能在问自己，变得富有是否值得自己摊上这么大的麻烦。古罗马抒情诗人和批评家贺拉斯（Horace）的那句格言突然浮现在我的脑海里："财富不断增长，忧愁随之而来。"金钱是一个有争议的话题。我们都听说过"金钱买不到幸福"或"财富让人堕落"，等等。

诗人、吟游歌者和哲学家通过无数格言，质疑金钱的价值，谴责人对世俗财富的追求。中国哲学家老子警告说："多藏必厚亡。"音乐家鲍勃·迪伦（Bob Dylan）说道："金钱是什么？一个人如果早上起床、晚上睡觉，并且在起床与睡觉中间做的是他想做的事，他就是成功的。"阿尔伯特·爱因斯坦（Albert Einstein）也说过："金钱只会唤起自私，并且不可避免地会招致滥用。"

一方面，就连古代哲学家也经常批判财富。柏拉图（Plato）在他的《理想国》中说："人越要发财，就越不注重德行。财富与德行分立在天平两端，一边往下沉，一边就往上翘，两边总是不平衡。"①

另一方面，总是有诗人和哲学家从截然不同的角度看待财富。伟大的德国思想家、诗人约翰·沃尔夫冈·冯·歌德（Johann Wolfgang von Goethe）说，"一个没钱的健康人是半个病人"。与此同时，荷兰哲学家贝内迪特·斯宾诺莎（Benedictus Spinoza）对于财富观过于片面的人表示怀疑："一个贫穷又吝啬的人会不停地谈论滥用财富和富人的恶行；实际上他只是在折磨自己，要向世人表明：他不仅不能容忍自己贫穷，而且不能容忍他人富有。"

美国诗人格特鲁德·斯坦（Gertrude Stein）说："我富有过，也贫穷过。有钱总比没钱好。"英国作家奥斯卡·王尔德（Oscar Wilde）喜欢用夸张的言辞来激怒公众从而揭示简单的真理，他声称："我年轻时，以为金钱是生命中最重要的东西；现在年纪大了，我明白的确如此。"

是什么导致不幸福呢？金钱，或者更确切地说是缺钱导致不幸福。离婚时，金钱是夫妻争论的焦点。研究人员发现，金钱也是许多夫妻争吵的核心。

威斯康星大学的劳伦·帕普（Lauren Papp）邀请了100

---

① Velten, Robert, "Die Soziologie der antiken Reichtumsphilosophie," in Druyen, Thomas, Wolfgang Lauterbach and Matthias Grundmann (eds.), *Reichtum und Vermögen: Zur gesellschaftlichen Bedeutung der Reichtums-und Vermögensforschung*, Wiesbaden, 2009, 245. 这里的译文引自〔古希腊〕柏拉图《理想国》，郭斌和、张竹明译，商务印书馆，2018，第325页。——译者注

对有孩子的夫妻写两个星期的日记。夫妻俩要分别记录他们每次争吵的原因和持续的时间。结果表明，夫妻之间围绕金钱的争吵比围绕其他任何话题的争吵更为激烈。大多数夫妻认为，围绕金钱的争吵对他们共同的未来构成了威胁，还发现这种矛盾比因为其他任何问题引发的矛盾更难化解。①

埃里希·基希勒（Erich Kirchler）是维也纳大学的商业心理学家，他想知道夫妻之间谈论些什么、为什么争吵。他让40对夫妇记了一年日记，结果发现经济问题比任何其他问题更容易引发矛盾。夫妻之间经常因为在哪些方面可以花多少钱而争吵。②

你可以做个试验：记录一个月里让你烦恼的每件事。确保你的记录涵盖了自己生活中的方方面面：工作、健康、子女养育情况、财务状况、夫妻关系、体重，等等。一个月后，你再对记录的结果进行评估：如果你有足够多的钱，这些问题有多少不会出现？你会看到，如果你有足够多的钱，许多烦恼是可以避免的。不过，你也会看到，即便你有足够多的钱，许多烦恼也避免不了。对于后者，你可以关注一下：**如果你拥有远比现在要多的钱，这些烦恼是否更容易忍受，或者随之而来的问题是否更容易解决。**

德国社会学家多萝西·斯潘纳格尔（Dorothee Spannagel）

---

① Westerhoff, Nikolaus, "Erst teilen, dann keilen," *Süddeutsche Zeitung*, May 17, 2010.

② Westerhoff, Nikolaus, "Erst teilen, dann keilen," *Süddeutsche Zeitung*, May 17, 2010.

2013 年出版了基于她的博士学位论文撰写的著作《德国的财富》，它也探讨了人们为何烦恼的问题。她在研究中将普通人与收入是全国平均水平至少 2 倍的人进行了比较。她的调查是在 2005 进行的，她指出，24.5% 的普通人"非常"担心自己的财务状况，而仅有 6.4% 的富人担心自己的财务状况；另外，54.3% 的富人根本不担心自己的财务状况，而在普通人中这一比例只有 26.7%。

在普通人中，22.7% 的人非常担心自己的工作是否稳定；而在富人中，这一比例仅为 4.8%。另外，有 59.7% 的富人（相比之下，在普通人中这一比例只有 39.4%）表示他们根本不担心自己的工作是否稳定。

就连被问及与职业或财务没有直接关系的话题时，富人的担忧程度也远低于普通人的。22.8% 的普通人"非常"担心自己的健康状况，而仅有 10.2% 的富人担心自己的健康状况。超过一半的普通人非常担心犯罪率的上升状况，只有 35.5% 的富人非常担心这一点。41.3% 的普通人非常担心外来移民问题，只有 24.2% 的富人非常担心这个问题。虽然 60.1% 的普通人对未来总体感到乐观，但在富人当中这一比例上升到 76.4%。①

俗话说，"宁可没钱却健康，也不要有钱却病怏怏"。不过，斯潘纳格尔的研究结果非常明确："有确凿的证据证明，**良好的身体健康状况与拥有的财富有着强相关的关系。这在德**

---

① Spannagel, Dorothee, *Reichtum in Deutschland. Empirische Analysen*, Wiesbaden, 2013, 242-243.

国的西部和东部以及整个德国都被证明是同样适用的。"① 她的调查表明，与普通人群相比，富人"不仅健康状况更好，而且对自己的健康状况也更满意"②。

然而，瓦尔特·伍伦韦伯（Walter Wüllenweber）对不同社会阶层生活方式的研究表明，健康状况不佳并不是缺钱直接造成的。虽然健康状况不佳确实在较低社会阶层的人群中普遍得多，但这不是由较差的经济条件所致，而是因为某些生活方式造成的。伍伦韦伯指出："个人行为比外部条件起的作用更大：吸烟、过量饮酒、不健康饮食、缺乏锻炼……所有这些都与金钱无关。一个月的香烟开销比健身房的每月会员费还要高，甚至高过一些健身房的高级会员费。快餐比自己动手准备的饭菜更贵。酒精饮料也比鲜榨橙汁更贵。总体来说，不健康的生活方式的花销比健康的生活方式的更大。"③

有什么比怎样才能生活得幸福这个问题更重要的吗？为了回答这个问题，人们做了很多尝试，也出现了一个新学科——"幸福学"。目前普遍存在的一个错误印象是，科学家已经得出了金钱不能带来幸福的结论。然而，最近由约阿希姆·魏曼（Joachim Weimann）、安德烈亚斯·克纳贝（Andreas Knabe）和罗尼·舍布（Ronnie Schöb）所做的研究却表明，这一结论

---

① Spannagel, Dorothee, *Reichtum in Deutschland. Empirische Analysen*, Wiesbaden, 2013, 206.

② Spannagel, Dorothee, *Reichtum in Deutschland. Empirische Analysen*, Wiesbaden, 2013, 210.

③ Wüllenweber, Walter, *Die Asozialen. Wie die Ober-und Unterschicht unser Land ruinieren-und wer davon profitiert*, Munich, 2012, 93.

并非完全正确。

常识告诉我们，大多数人更希望钱多一点而不是少一点，因为在面对不同的商品和服务时，钱多一点意味着人能有更多的选择。有较高收入的人可以获得个人愿望清单上最想得到的商品，而较低收入者无法获得这些商品。"人们愿意为了增加收入竭尽全力。工会宣布罢工，领取养老金的人上街抗议，各级经理人一直工作到退休，工人每天 8 小时做着琐碎的工作或者在麦当劳做汉堡包从而赚取 7.5 欧元的时薪。他们这样做的唯一目的就是赚钱。"[①]

1974 年，理查德·伊斯特林（Richard Easterlin）是第一个宣称"金钱不会带来幸福"的科学家。他根据调查得出的结论是，幸福不取决于人的收入水平，而取决于他在社会中的相对地位，即他所拥有的东西与同龄人相比是多还是少。按照伊斯特林的说法，这一点适用于全世界所有年收入超过 1.5 万美元的人。换句话说，可以假设，提高最贫困人口的收入显然会对他们的生活质量和整体幸福感产生重大影响。

然而，实际情况要比乍看上去的更为复杂。科学家把"情感"幸福和"认知"幸福区别看待。研究人员向来都是通过让人们给自己当前的幸福程度打分来衡量他们的认知幸福感："按照从 0（完全不满意）到 10（完全满意）的分值，请告诉我们您目前对自己的整体生活状态的满意程度。"

---

① Weimann, Joachim, Andreas Knabe and Ronnie Schöb, *Geld macht doch glücklich. Wo die ökonomische Glücksforschung irrt*, Stuttgart, 2012, 14.

　　这类调查衡量的是整体满意度，而不是"情感"幸福。整体满意度指在一天或一个月内幸福时刻的累积和持续时长。尽管财富对生活满意度没有可衡量的影响，但最近的研究表明，事实上生活的总体满意度与收入之间存在很强的相关性。但是伊斯特林的看法与此有所不同。

　　这些研究指出："收入水平较高的人对生活的满意度更高。值得关注的是，即使在年收入水平超过 12 万美元的情况下，这种正相关性仍然适用。这里不存在饱和点，在任何一种收入水平上，更高的收入就意味着更多的幸福。"[1] 这些研究甚至表明，如果收入水平不同但收入提高的比例相同，对幸福感影响更大的是收入水平较高的情况，而不是收入水平较低的情况。[2]

　　当然，生活中有许多方面与金钱并没有直接联系。任何收入水平的人都有可能身患疾病或承受关系破裂的痛苦。然而，针对个人幸福的科学研究最有趣的发现是"穷人经历疾病、离婚或孤独这些逆境时，其境况要比富人的境况糟糕得多"[3]。这个发现尤为重要，因为这表明收入和财富也会影响生活的其他方面。

---

[1]　Weimann, Joachim, Andreas Knabe and Ronnie Schöb, *Geld macht doch glücklich. Wo die ökonomische Glücksforschung irrt*, Stuttgart, 2012, 114.

[2]　Weimann, Joachim, Andreas Knabe and Ronnie Schöb, *Geld macht doch glücklich. Wo die ökonomische Glücksforschung irrt*, Stuttgart, 2012, 123.

[3]　Weimann, Joachim, Andreas Knabe and Ronnie Schöb, *Geld macht doch glücklich. Wo die ökonomische Glücksforschung irrt*, Stuttgart, 2012, 114.

大多数人意识到了钱多总比钱少要好。他们或许说的是另外一套，为的是能假装自己不在意金融资产匮乏的状况。不过，仍然有2000万德国人每个月都买彩票。他们即使知道自己只有1/1500万的机会中大奖，也依旧手指交叉着祈祷自己好运，同时却在当地酒吧向其他常客大谈"金钱不重要""金钱买不来幸福"，等等。

没有哪个神智正常的人会说单靠金钱就能快乐。我在序言中谈到了许多事例：许多人买彩票中大奖或通过其他手段很快赚到很多钱——但后来几乎无一例外地很快就失去了这些钱。金钱让他们不开心了吗？表面看来或许如此，如果没有得到那笔钱，他们就可以免于承受后来债务缠身的痛苦，而这种境况往往导致个人破产。

**事实上，一个人在什么时候拥有多少钱远不如他用钱做什么重要。让财富保值与增值是你需要学习的，这样才能确保金钱让你更加幸福，并让你对自己的生活更满意。**

那些人以为如果他们突然有很多钱，他们的问题（或者至少财务问题）就能迎刃而解，而不用管这笔钱是通过继承、结婚还是彩票中奖得来的。这实际上是被严重误导的，或许更准确地说，意外之财对他们来说只是麻烦的开始。当然，我们不能把所有麻烦都归咎于金钱。相反，责任完全在于那些还没有学会如何明智地使用金钱从而让财富保值、增值的人。

不假思索地否定金钱重要性的人通常因为显而易见的原因才会说"金钱不重要"甚至"金钱买不来不幸福"。他们假装不在乎金钱，只是因为他们没有钱。当然，大多数人赞同自由能带来幸福这一点。虽然许多人可能反对金钱等于幸福的看法，但没有人会反对"自由"是积极和值得为之奋斗的这种观念。

**知道如何理财从而让财富保值、增值意味着你比那些努力维持生计的人能享有更大的自由：财务上不再依赖他人，不必再担心工作，能够在自己喜欢的地方生活，去想去的地方旅行，还能更加自由地表达自己的观点。**

"金钱是通往自由的钥匙。"[1] 法国时装设计师可可·香奈儿（Coco Chanel）说。她通过努力工作积聚了财富，在很大程度上是一位靠自我奋斗取得成功的女性。她视金钱为"独立的象征"[2]。她是对的，但有一点需要注意：如果你将"财富"等同于"一大笔收入"，每个月都把赚到的钱花光，你就永远不会享受到自由。相反，你这是在让自己依赖甚至沉溺于非常高的生活水准，总是要担心如果你失去收入来源会发生什么。有压倒性的证据表明，以能够负担得起奢侈品和奢靡的生活方式为主要目的而去追寻财富，很少能让人幸福。

美国研究人员托马斯·J. 斯坦利（Thomas J. Stanley）的一项研究证实了这一点，他对数百名富有的美国人进行了调查。这些人都出生于 1946~1964 年，并以大致相同的薪资水平开始了他们的职业生涯。他问他们：如果以 1~5 的分值来给他们的整体生活满意度打分的话，能打多少分？

对整体生活状态表示不满意的受访者年收入的中位数为20.3 万美元，而对整体生活状态表示满意的受访者年收入的

---

① Morand, Paul, *The Allure of Chanel*, London, 2008, 39.

② Morand, Paul, *The Allure of Chanel*, London, 2008, 39.

中位数为 30.7 万美元。然而，这两个人群最显著的差异是他们在过去 30 年中积累了多少财富。整体生活满意度最高的受访者平均积累了 138 万美元的财富，整体生活满意度最低的受访者平均只攒下了 30.4 万美元。整体生活满意度最低的受访者拥有 1.5 倍于他们年收入的财富，整体生活满意度最高的受访者拥有 4.5 倍于他们年收入的财富。调查显示，两个受访人群拥有的房屋的价格没有显著差异（分别为 79.8 万美元和 78.5 万美元）。他们的主要区别在于：整体生活满意度较低的人群更倾向于为维持非常高的生活水平而花钱；**整体生活满意度较高的人群生活更节俭，他们因财富给自己带来了财务独立而珍视它，而不是把财富作为能够购买昂贵商品的实现方式。**

如你所见，财富在多大程度上、在何种情况下会对追寻幸福有利是值得详细探讨的。正如你也看到的，你对这个问题的回答将取决于**你是把努力获取财富作为过上奢侈生活的手段，还是把它作为实现财务独立和财务安全的方式。**此刻，你很可能想知道是否有什么特定的因素决定一个人能成为富人。有没有相关的科学证据？如果有，这些证据会告诉我们什么？

# 第二章　富人是如何做到的？

什么是财富？对于这个问题，有很多不同的答案。有些定义甚至包括与收入或金融资产无关的方面，比如健康或政治影响力。不过，以这种方式淡化财富的概念只会混淆这个问题，而不是澄清这个问题。

## 如何定义财富？

当被问及如何给"财富"下定义时，德国受访者更倾向于以下描述："能够享受退休生活而不用为钱烦恼"（87%的受访者的观点）；"不必依赖任何形式的政府补助"（76%的受访者的观点）；"能够在任何时候买得起想要的任何东西"（75%的受访者的观点）；"能够完全靠投资收益生活而无须工作"（70%的受访者的观点）。[①]

---

① Böwing-Schmalenbrock, Melanie, *Wege zum Reichtum. Die Bedeutung von Erbschaften, Erwerbstätigkeit und Persönlichkeit für die Entstehung von Reichtum*, Wiesbaden, 2012, 25.

有的说法十分模糊。什么时候你不用"为钱烦恼"？而"买得起想要的任何东西"指的又是什么？这些问题的答案取决于个人的主观判断，因人而异。更为实际的想法是，富人无须工作就能完全靠投资收益生活。

财富的定义不够具体。我们这里谈论的是什么？它是一笔足够多的财富，让你能够靠它产生的利息生活；还是在你不断动用这笔财富的情况下，依然有足够多的金钱供你在余生使用？后一种情况所需要的财富的数额远远少于前者的。

另外，一个人要"维持生存"需要多大一笔收入？这些假设基于多少利率？

对大多数人来说，100万美元听起来可能是一大笔钱。但真的是这样吗？任何拥有100万美元可投资资产且年回报率为3%的人（比如，政府债券等低风险产品不再可能实现这一点），他们每月只能赚取2500美元的投资资金，这些钱无法让他们过上奢侈的生活。这就是为什么我在研究财富精英①时设定了1000万美元的下限。

凯捷咨询公司（Capgemini）是世界领先的专业机构，根据他们每年发布的《世界财富报告》（The World Wealth Report），富人可以分为3种不同的群体：

---

① 最终研究成果的英文版见 Zitelmann, Rainer, *The Wealth Elite: A Groundbreaking Study of the Psychology of the Super Rich*, London/New York, 2018。最终研究成果的中文版见〔德〕雷纳·齐特尔曼《富豪的心理——财富精英的隐秘知识》，田亮等译，社会科学文献出版社，2018。——译者注

- 隔壁的百万富翁（Millionaires Next Door）：拥有100万~500万美元可投资财富，全世界有1870万这样的人；

- 中间层百万富翁（Mid-Tier Millionaires）：拥有500万~3000万美元可投资财富，全世界有190万这样的人；

- 超高净值人士（Ultra-High-Net-Worth-Individuals）：拥有3000万美元或以上可投资财富，全世界有20.1万这样的人。[1]

在全世界的百万富翁中，有61%生活在这4个国家：美国（660万人）、日本（350万人）、德国（150万人）和中国（150万人）。有些小国的百万富翁比例相对于其人口规模而言会显得更高，比如新加坡，580万总人口中有26.9万百万富翁。日本约有1.26亿人，其中350万人是百万富翁。中国约有14亿人，其中150万人是百万富翁。印度约有13.6亿人，其中27.8万人是百万富翁。在美国，3.28亿总人口中有660万人是百万富翁。在德国，8300万总人口中有150万人是百万富翁，而俄罗斯的1.44亿总人口中有22万人是百万富翁。[2]

当然，富人和超级富豪的确切人数很难确定，具体数字因信息来源而异。莱坊（Knight Frank）发布的《2021年财富报告》（*The Wealth Report 2021*）[3] 显示，全球净资产超过3000

---

[1] Capgemini Wealth Management, *The World Wealth Report 2021*.

[2] 数据引自 Capgemini Wealth Management, *The World Wealth Report 2021*, 9；其中数据以美元货币计算得出。

[3] Knight Frank Research, *The Wealth Report 2021*, 11 and 81.

万美元的超高净值人士数量为 521653 人，主要在以下 4 个国家生活：180060 人在美国生活，70426 人在中国生活，28396 人在德国生活，15503 人在法国生活。

正如我们所看到的，德国的百万富翁数量高于印度和俄罗斯等人口较多的国家的百万富翁数量——对于拥有 3000 万美元或更多净资产的超级富豪以及"仅仅"是百万富翁来说，情况的确如此。

不过，说到亿万富翁，中国有 698 名，远超德国（有 136 名）。① 俄罗斯的百万富翁比德国的多得多，这种错误印象的形成可能是因为在俄罗斯，富人往往以非常引人注目的方式展示他们的财富，而德国的富人则更喜欢以较为低调的方式享受他们的财富。

2012 年发表的 1 篇博士论文探讨了在 21 世纪德国人过上富裕生活甚至成为富豪的决定性因素。作为"德国财富"研究项目（"Wealth in Germany"）的一部分，该论文基于对高收入者或高净值人士进行的 472 次访谈。受访者的平均净资产为 230 万欧元，中位数净资产为 140 万欧元。②

换句话说，这些人是"隔壁的百万富翁"，而不是超级富豪。这篇博士论文的作者首先描绘了一个富裕和财富层级的金

---

① https：//en. wikipedia. org/wiki/List_of_countries_by_number_of_ billionaires.

② Böwing-Schmalenbrock, Melanie, *Wege zum Reichtum. Die Bedeutung von Erbschaften, Erwerbstätigkeit und Persönlichkeit für die Entstehung von Reichtum*, Wiesbaden, 2012, 139.

字塔，其中最底层被归类为富裕的一层，由收入是德国普通家庭净收入 2 倍（也就是 54320 欧元及以上）的家庭组成。作者用"脆弱的财富层"一词来形容中间层，它由净资产至少为 120 万欧元的家庭组成。顶层家庭被定义为"稳定的财富层"，拥有至少 240 万欧元的净资产。①

## 大多数富人以企业家的身份积累财富

任何关心因果关系问题的人都会对这项研究产生浓厚的兴趣：在当代德国，人们是如何变得富足或富有的呢？作者最重要的发现是，自雇人士获得高收入的可能性远远大于为他人工作的受雇人士获得高收入的可能性。该研究表明，受雇人士积累财富的难度要大得多。"毕竟，企业家精神是高额财富的可靠预测指标。那些财富建立在企业家精神基础上的人的平均净资产有大幅增长：这个群体的家庭平均净资产比与企业家精神不相干的群体的家庭平均净资产高出 250 万欧元。"②

"稳定的财富层"（净资产为 240 万欧元及以上的家庭）的企业家精神比"脆弱的财富层"（净资产为 120 万欧元及以

① Böwing-Schmalenbrock, Melanie, *Wege zum Reichtum. Die Bedeutung von Erbschaften, Erwerbstätigkeit und Persönlichkeit für die Entstehung von Reichtum*, Wiesbaden, 2012, 45.

② Böwing-Schmalenbrock, Melanie, *Wege zum Reichtum. Die Bedeutung von Erbschaften, Erwerbstätigkeit und Persönlichkeit für die Entstehung von Reichtum*, Wiesbaden, 2012, 187.

上的家庭）的要普遍得多。调查显示，财富主要建立在企业家精神上的家庭登上财富金字塔顶层的可能性是其他家庭的2倍。[1]

德国在财富理论领域最著名的研究者之一沃尔夫冈·劳特巴赫（Wolfgang Lauterbach）进行的研究也得出了类似的结果。劳特巴赫在调查了中产阶级（中位数净资产为16万欧元）、"富裕人士"（中位数净资产为75万欧元）、"高净值人士"（中位数净资产为340万欧元）、德国最富有的100人（中位数净资产为15亿欧元）和全球最富有的100人（中位数净资产为105亿欧元）后发现，德国64.5%的高净值人士是企业家。"实证研究表明，只有那些自雇人士才能充分获得财富。没有多少证据表明通过为雇主工作能够积聚高额财富。"[2] 德国最富有的100人中的98%、世界最富有的100人中的95.2%是企业家。"企业家精神是创造巨额财富的必要前提。"劳特巴赫总结道。[3]

[1] Böwing-Schmalenbrock, Melanie, *Wege zum Reichtum. Die Bedeutung von Erbschaften, Erwerbstätigkeit und Persönlichkeit für die Entstehung von Reichtum*, Wiesbaden, 2012, 199.

[2] Lauterbach, Wolfgang, Alexander Tarvenkorn, "Homogenität und Heterogenität von Reichen im Vergleich zur gesellschaftlichen Mitte," in Lauterbach et al. (eds.), *Vermögen in Deutschland*, Wiesbaden, 2011, 94.

[3] Lauterbach, Wolfgang, Alexander Tarvenkorn, "Homogenität und Heterogenität von Reichen im Vergleich zur gesellschaftlichen Mitte," in Lauterbach et al. (eds.), *Vermögen in Deutschland*, Wiesbaden, 2011, 91-92.

## 白手起家还是衔着"金汤匙"出世？

2015 年，瑞士银行（UBS，简称瑞银）和普华永道（PwC）联合发布的一项全球亿万富翁调查研究证实，大多数亿万富翁的财产并不是继承而来的，而是通过创业和投资积累的。"全世界 1300 多位亿万富翁拥有的财富约为 5.4 万亿美元（比 1995 年的 0.7 万亿美元增加了 4.7 万亿美元），其中 66% 的亿万富翁是白手起家的；相比之下，我们在 1995 年开始这项调查时，白手起家的亿万富翁所占的比例只有 43%。新增加的亿万富翁大多在美国，2014 年全球白手起家的亿万富翁所创造的 47% 的财富在美国。不过，亚洲的企业家也参与了这场爆炸式增长的创业活动，亚洲亿万富翁的财富在白手起家的亿万富翁的财富中占 36%。欧洲成为巨额财富的第三大聚集地，欧洲白手起家的亿万富翁人数只占全球白手起家的亿万富翁人数的 17%。"[1]

在世界上最富有的人的名单上，最富有的亿万富翁大多是以白手起家的企业家身份致富的。以下是《福布斯》2020 年全球十大富豪榜：[2]

（1）杰夫·贝佐斯（Jeff Bezos），亚马逊（Amazon），

---

[1]　UBS/PwC, *Billionaires: Master Architects of Great Wealth and Lasting Legacies*, 2015, 12.

[2]　https://www.forbes.com/billionaires/.

创业致富；

（2）埃隆·马斯克（Elon Musk），特斯拉公司（Tesla Inc.），创业致富；

（3）伯纳德·阿尔诺（Bernard Arnault），酩悦·轩尼诗-路易·威登集团（LVMH），创业致富；

（4）比尔·盖茨（Bill Gates），微软（Microsoft），创业致富；

（5）马克·扎克伯格（Mark Zuckerberg），脸书（Facebook），创业致富；

（6）沃伦·巴菲特，投资致富；

（7）拉里·埃里森（Larry Ellison），甲骨文（Oracle），创业致富；

（8）拉里·佩奇（Larry Page），谷歌（Google），创业致富；

（9）谢尔盖·布林（Sergey Brin），谷歌，创业致富；

（10）穆克什·安巴尼（Mukesh Ambani），信实工业公司（Reliance Industries Limited），创业致富。

这份榜单还显示，世界上最富有的亿万富翁都是白手起家的企业家，而不是以财富继承人的身份致富的。同样的情况也适用于福布斯富豪榜上的许多人。福布斯400强富豪榜上的大多数人也是白手起家的企业家。许多人认为，过去，白手起家的企业家更容易积累财富，而如今大多数富人继承了他们的财富。事实上，情况正好相反。

1984年，在福布斯400强富豪榜上，只有不到一半的人是白手起家的亿万富翁。2018 年，67% 的亿万富翁是白手起家的！这是根据一个评分系统计算出来的。在这个系统中，福布斯 400 强富豪榜上的每一位拥有亿万美元的富豪都按 1 分到 10 分进行评分和排名，1 分表示这位富豪继承了全部财富，并且没有采取任何措施来增加财富；10 分表示这位富豪通过自己的努力克服了巨大的困难积累财富。任何得分在 6 分到 10 分之间的人都属于白手起家的富人。

在亚洲，摆脱贫困并获得巨额财富的机会远远多于在欧洲或美国摆脱贫困并获得巨额财富的机会。"研究显示，亚洲的商界巨头呈现出与其他地区的商界巨头不同的特点，因为亚洲经济近年取得了突破性发展。25% 的亚洲富豪出身贫寒，相比之下，在美国和欧洲，出身贫寒的富豪的比例分别只有 8% 和 6%。亚洲富豪也比世界其他地区的富豪更年轻，亚洲白手起家的亿万富翁的平均年龄为 57 岁，他们比美国和欧洲富豪要年轻近 10 岁。"[1]

为别人工作的受雇人士要想发家致富，虽然并非不可能，但是难度要大得多。这里援引的研究均显示，**受雇于人很少能让人富有**。[2] 医生、律师、会计师等专业性"自由职业者"处于雇员和企业家之间的位置。虽然自雇人士从事自由职业"为那些想从中产阶层进入富裕阶层或从富裕阶层进入'脆弱

---

[1] UBS/PwC, *Billionaires: Master Architects of Great Wealth and Lasting Legacies*, 2015, 17.

[2] Böwing-Schmalenbrock, Melanie, *Wege zum Reichtum. Die Bedeutung von Erbschaften, Erwerbstätigkeit und Persönlichkeit für die Entstehung von Reichtum*, Wiesbaden, 2012, 203.

的财富层'的人提供了巨大的机会，但是这不适合作为获取'稳定的财富'的方式"①。比如，在德国，自由职业者变得富有的可能性是"仅仅"获得高于平均水平收入的可能性的 3.5 倍以上，但是对于企业家而言，他们达到这个目标的可能性会增加到 4.5 倍。②

成为富人的另一种方式是继承财富，不过远不及通过工作获取收入重要。瑞银和普华永道的研究结果证实了这一点。该研究显示，相对于继承财富的亿万富翁而言，全球白手起家的亿万富翁所占的比例有所上升。虽然德国的遗产税比许多其他国家的低，但在超过一半的富裕家庭中，工作收入是一个更重要的财富来源。不过，近 1/3 的受访者认为继承财富比通过工作获取收入更重要，另有 13% 的受访者认为两者同等重要。

另外，梅兰妮·伯温 - 斯科梅兰布洛（Melanie Böwing-Schmalenbrock）也承认，继承财富存在不同的类型。相对于继承物质资产，继承生产性财富，如继承企业，继承人也就相当于获得了上一代人的自营职业，能够大大增加积累财富的可能性。

对于超级富豪来说，如德国的亿万富翁，继承发挥着更为重要的作用，无论是与百万富翁和千万富翁相比，还是与世界

① Böwing-Schmalenbrock, Melanie, *Wege zum Reichtum. Die Bedeutung von Erbschaften, Erwerbstätigkeit und Persönlichkeit für die Entstehung von Reichtum*, Wiesbaden, 2012, 233.

② Böwing-Schmalenbrock, Melanie, *Wege zum Reichtum. Die Bedeutung von Erbschaften, Erwerbstätigkeit und Persönlichkeit für die Entstehung von Reichtum*, Wiesbaden, 2012, 230.

上其他亿万富翁相比，情况都是如此。沃尔夫冈·劳特巴赫指出，在德国最富有的人中，只有 36% 的人通过工作和自雇方式创造财富，有 56% 的人通过继承获得财富。在全球范围内最富有的人中，只有 22.4% 的人通过继承方式获得财富，有 73% 的人通过工作和自雇方式创造财富。①

不过，这并不意味着德国最富有的人只继承了财富。迪特尔·施瓦茨（Dieter Schwarz）是德国最富有的人之一，他的父亲给他留下了一家拥有 30 家门店的地区性连锁超市——阿尔迪（Aldi）。在此基础上，施瓦茨创立了除阿尔迪超市之外的德国规模最大的折扣连锁店。这个例子还表明，**德国的家族企业传统比世界其他地区的家族企业传统要浓厚得多**。②

## 人格特质与财富

美国作家弗朗西斯·斯科特·菲茨杰拉德（Francis Scott Fitzgerald）曾说过："富人与你我不同。"据说，作家欧内斯特·海明威（Ernest Hemingway）曾经回应道："是的，他们有更多的钱。"实际上，菲茨杰拉德在 1926 年出

---

① Lauterbach, Wolfgang, Alexander Tarvenkorn, "Homogenität und Heterogenität von Reichen im Vergleich zur gesellschaftlichen Mitte," in Lauterbach et al. (eds.), *Vermögen in Deutschland*, Wiesbaden, 2011, 92.

② Lauterbach, Wolfgang, Alexander Tarvenkorn, "Homogenität und Heterogenität von Reichen im Vergleich zur gesellschaftlichen Mitte," in Lauterbach et al. (eds.), *Vermögen in Deutschland*, Wiesbaden, 2011, 93.

版的短篇小说《富家子弟》（*The Rich Boy*）中是这么说的："先让我来跟你说说那些富人吧！他们跟你我不同。他们早早占有财富，尽情享乐，有了改变：在我们身上坚硬的东西，在他们身上变得柔软；我们有信赖的东西，他们却玩世不恭。所以，除非你生来就是富人，否则你很难理解他们。"①

人们总是猜测富人在某种程度上是"与众不同的"，不仅是说他们拥有的东西，还包括他们的个性。然而，无论是在美国还是在欧洲，都没有多少科学研究能够证实或反驳这种猜测。2018 年，1 个由 6 位德国经济学家和心理学家组成的团队进行了 1 项大规模调查研究：他们采访了 130 位富人，利用调查结果总结出了他们的心理特征，并将其与整体人口特征进行了比较。②

心理学家为了描述各种人格类型，构建了很多模型，其中大五人格模型（Big Five Model）在过去几十年中占主导地位。2018 年的这项财富研究使用了精简的大五人格模型测试来区分五种核心人格特质，具体如下：

---

① Fitzgerald, Francis Scott, *The Rich Boy*（1926）in Arthur Mizener（ed.），*The Fitzgerald Reader*, New York, 1963, 239. 中译本见〔美〕F. S. 菲茨杰拉德《了不起的盖茨比》，人民文学出版社，姚乃强译，2004，第 156~157 页。

② Leckelt, Marius, David Richter, et al., "The Rich Are Different. Unravelling the Perceived and Self-reported Personality Profiles of High-net-worth Individuals," in *British Journal of Psychology* 110（2019），Issue 4, 769-789.

● 责任心（Conscientiousness）：周到、细致、勤奋、高效、组织良好、守时、雄心勃勃、坚持不懈；

● 神经质（Neuroticism）：情绪紧张、容易冲动、心理并不特别稳定；

● 宜人性（Agreeableness）：和蔼可亲、渴望和谐的关系、容易退让，并且经常过度信任他人；

● 外向性（Extraversion）：健谈、果断、积极进取、精力充沛、勇敢；

● 开放性（Openness to Experience）：具有想象力、创造力和好奇心。

当你将普通人的人格特质与这项研究中受访的富人的人格特质进行比较时，会有以下发现：

· 富人的情绪更稳定，不那么神经质；

· 富人尤其外向；

· 富人更开放，更愿意接受新的体验；

· 富人不那么和蔼可亲，这意味着他们不太可能回避冲突；

· 富人更勤勉认真。[1]

---

[1] Leckelt, Marius, David Richter, et al., "The Rich Are Different. Unravelling the Perceived and Self-reported Personality Profiles of High-net-worth Individuals," in *British Journal of Psychology* 110 (2019), Issue 4, 769–789.

除了大五人格模型测试，研究人员还研究了另外两种人格特质：自恋和内在控制性。他们发现：富人更自恋；富人表现出更强的内在控制性。这意味着他们更赞同"我决定我的生活"这样的说法，而不是"你在生活中取得的成就主要是因为运气好或命运的安排"这种说法。

这项财富研究的结果与以我的博士论文为基础撰写的《富豪的心理》（The Wealth Elite）的研究发现一致。我的结论是：**富人的情绪非常稳定（不那么神经质），他们对新体验持特别开放的态度，更外向，更勤勉认真——但不一定令人满意。**

与上文提到的对 130 位富人的调查研究不同，我对超级富豪的研究涉及对每个人进行 1~2 个小时的深度访谈。此外，超级富豪受访者不仅完成了精简的大五人格模型测试，还参加了包含 50 个问题的详尽的人格模型测试。

我的一个关键性研究发现是：**超级富豪往往不是墨守成规的人。**他们喜欢逆流而上，毫无疑问这是与主流观点相矛盾的。另一个研究发现是：**超级富豪比其他人更有可能根据直觉做决定。他们倾向于更多地依靠直觉，而不是经过分析再做决定。**

最重要的是，他们对待失败和挫折的方式与大多数人对待失败和挫折的方式完全不同。一般来说，大多数人喜欢把成绩归功于自己，而把失败和挫折归咎于他人。在这一点上，正如访谈结果所显示的那样，超级富豪是完全不同的：他们试图找出自己遭遇挫折的原因，而不是责怪外部环境或其他人。这给了他们一种力量感。他们认为："**如果错在我身上，我可以改**

变它。我可以控制自己的生活。"有些人取得成功成为富人，有些人却没有，其原因有很多，但上面两项研究确定的人格特质的具体组合无疑可以呈现富人的一些成功之道。

上面提到的梅兰妮·伯温-斯科梅兰布洛的研究也得出了类似的结论：64% 的企业家和 68% 的自雇专业人士对新体验格外开放，相比之下，中产阶层中只有 35% 的人持这种态度。[①] 另外，已有研究发现，**企业家比中产阶层人士更难相处**。尽管 69% 的中产阶层人士被认为很容易相处，但在企业家中这一比例降至 60%。工资高于平均水平的受雇人士则相反：他们被认为比企业家和中产阶层人士更容易相处。[②] 这些发现表明，成功的受雇人士需要高于平均水平的适应能力和社交能力，而对于企业家来说，能够处理冲突更为重要。

安德烈亚斯·劳赫（Andreas Rauch）和迈克尔·弗雷泽（Michael Frese）在 2000 年发表的一项美国整合研究报告中调查了人格特质与商业成功之间的关系，作者推测，**商业成功与冒险意愿之间存在非线性关系**：在某种程度上，冒险意愿对商业成功具有积极影响——不过，喜欢冒险的程度较高很可能会导致负面结果。"成为一名企业家是要冒风险的，但以冒风险

---

① Böwing-Schmalenbrock, Melanie, *Wege zum Reichtum. Die Bedeutung von Erbschaften, Erwerbstätigkeit und Persönlichkeit für die Entstehung von Reichtum*, Wiesbaden, 2012, 219.

② Böwing-Schmalenbrock, Melanie, *Wege zum Reichtum. Die Bedeutung von Erbschaften, Erwerbstätigkeit und Persönlichkeit für die Entstehung von Reichtum*, Wiesbaden, 2012, 220.

的方式做生意可能是危险的。"[1] 有研究甚至发现，"冒险与商业成功存在着负相关关系"[2]。

在 2007 年的另一篇文章中，安德烈亚斯·劳赫和迈克尔·弗雷泽证实，整合研究显示冒险与商业成功之间存在较弱的相关性。"与其他人格特质相比，爱冒险显得微不足道。我们建议下一步研究企业家冒险、创业和成功之间是否真的存在曲线关系……"[3]

这也就产生了一个问题，企业家自己会在多大程度上认为自己的行为是冒险的。"从观察者的角度来看，一种行为可能会被认定为极其冒险，而企业所有者或许会将同样的行为判定为旨在将风险降至最低的努力。"[4] 切尔（Chell）等人指出，从企业家的角度来看，选择什么都不做或许才是极为冒险的，

① Rauch, Andreas, Michael Frese, "Psychological Approaches to Entrepreneurial Success. A General Model and an Overview of Findings," in Cooper, C. L., I. T. Robertson (eds.), *International Review of Industrial and Organizational Psychology*, Cichester, 101-142.

② Rauch, Andreas, Michael Frese, "Psychological Approaches to Entrepreneurial Success. A General Model and an Overview of Findings," in Cooper, C. L., I. T. Robertson (eds.), *International Review of Industrial and Organizational Psychology*, Cichester, 101-142.

③ Rauch, Andreas, Michael Frese, "Born to Be an Entrepreneur? Revisiting the Personality Approach to Entrepreneurship," in Baum, J. Robert, Michael Frese and Robert Baron (eds.), *The Psychology of Entrepreneurship*, New York, 2012, 50.

④ Rauch, Andreas, Michael Frese, "Psychological Approaches to Entrepreneurial Success. A General Model and an Overview of Findings," in Cooper, C. L., I. T. Robertson (eds.), *International Review of Industrial and Organizational Psychology*, Cichester, 101-142.

**外界看来冒险的举动或许在企业家自己看来是降低风险的举动。**[①]

瑞银和普华永道在 2015 年的一项调查发现，亿万富翁对风险的理解不同于其他人对风险的理解。对他们来说，错失机遇或许是更大的风险。"**他们害怕因为没有抓住机遇而失败，往往不担心冒险失败带来的不利影响，而是担心错失有利的机会。**"[②]

正如我们所看到的，大多数富人靠企业家精神创造财富。因此，为了回答"富人是如何做到的"这个问题，我们有必要看看美国对企业家精神的研究成果。对富人来说，目标有多重要呢？迈克尔·弗雷泽尝试用"行动理论"的分析方法来探究这个问题。他提到了埃德温·A. 洛克（Edwin A. Locke）和 G. P. 莱瑟姆（G. P. Latham）的研究，他们发现**更雄心勃勃的目标通常会带来更好的结果。**迈克尔·弗雷泽引用了三种不同的思考目标的方式："第一种方式是幻想达到目标会有多好；第二种方式是担心无法实现目标；第三种方式是将目标与当前状态进行对比。尽管幻想目标实现和担忧情绪会让实现目标的可能性降低，但将积极的目标幻想与当前的状态进行对比是增加实现目标可能性的最有效方式。"[③]

---

[①] Chell, Elizabeth, Jean Haworth and Sally Brearley, *The Entrepreneurial Personality: Concepts, Cases and Categories*, London/New York, 1991, 43.

[②] UBS/PwC, *Billionaires: Master Architects of Great Wealth and Lasting Legacies*, 2015, 15.

[③] Frese, Michael, "The Psychological Actions and Entrepreneurial Success: An Action Theory Approach," in Baum, J. Robert, Michael Frese, Robert A. Baron (ed.), *The Psychology of Entrepreneurship*, London, 2012, loc. cit., 151–189, quoted as: Frese, Michael, "The Psychological Actions and Entrepreneurial Success: An Action Theory Approach," 154.

迈克尔·弗雷泽和朱迪思·斯图尔特（Judith Stewart）指出，不同的人追寻目标的认真程度不同，他们制订行动计划的周密程度也不尽相同。虽然这两个因素有关联，但它们并不是一回事："行动的计划部分和目标部分虽然可能在实践中是有关联的，但在概念上截然不同。一个人可能有非常明确的目标，却缺乏周密的计划。"弗雷泽和斯图尔特还谈到"行动风格"，这是可以学习的，至少在一定程度上而言的确如此。①

计划弥合了思想和行动之间的鸿沟，将目标转化为执行方案。② 然而，弗雷泽也强调，从这个意义上讲，"制订计划"并不一定意味着企业家对每个细节都进行微调。有时候，计划可能只是一个如何推进的总体想法。③ **一个自称没有任何计**

---

① Frese, Michael, Judith Stewart and Bettina Hannover, "Goal Orientation and Planfulness: Action Styles as Personality Concepts," in *Journal of Personality and Social Psychology*, Vol. 52, 1987, 1182-1194.

② Frese, Michael, "The Psychological Actions and Entrepreneurial Success: An Action Theory Approach," in Baum, J. Robert, Michael Frese, Robert A. Baron ( ed. ), *The Psychology of Entrepreneurship*, London, 2012, loc. cit. , 151-189, quoted as: Frese, Michael, "The Psychological Actions and Entrepreneurial Success: An Action Theory Approach," 157.

③ Frese, Michael, "The Psychological Actions and Entrepreneurial Success: An Action Theory Approach," in Baum, J. Robert, Michael Frese, Robert A. Baron ( ed. ), *The Psychology of Entrepreneurship*, London, 2012, loc. cit. , 151-189, quoted as: Frese, Michael, "The Psychological Actions and Entrepreneurial Success: An Action Theory Approach," 157.

**划、完全靠直觉和"发自内心的感觉"的企业家，很可能是在遵循潜意识里的计划。**[①]

计划在引导人们采取行动和降低目标被遗忘的可能性方面发挥着重要作用。[②]不过，如果计划过于死板，而企业家哪怕在灵活做出反应或许更为妥当的情况下依然严格按照计划执行，那么这样的计划其实会阻碍行动。[③]

埃德温·A. 洛克和 J. 罗伯特·鲍姆（J. Robert Baum）在 2004 年发表了一篇很重要的文章，它讨论了设定目标的重要性。实证研究充分证明，**"具体的、有挑战性的目标相比其**

---

① Frese, Michael, "The Psychological Actions and Entrepreneurial Success: An Action Theory Approach," in Baum, J. Robert, Michael Frese, Robert A. Baron (ed.), *The Psychology of Entrepreneurship*, London, 2012, loc. cit., 151 - 189, quoted as: Frese, Michael, "The Psychological Actions and Entrepreneurial Success: An Action Theory Approach," 158.

② Frese, Michael, "The Psychological Actions and Entrepreneurial Success: An Action Theory Approach," in Baum, J. Robert, Michael Frese, Robert A. Baron (ed.), *The Psychology of Entrepreneurship*, London, 2012, loc. cit., 151 - 189, quoted as: Frese, Michael, "The Psychological Actions and Entrepreneurial Success: An Action Theory Approach," 158.

③ Frese, Michael, "The Psychological Actions and Entrepreneurial Success: An Action Theory Approach," in Baum, J. Robert, Michael Frese, Robert A. Baron (ed.), *The Psychology of Entrepreneurship*, London, 2012, loc. cit., 151 - 189, quoted as: Frese, Michael, "The Psychological Actions and Entrepreneurial Success: An Action Theory Approach," 159.

他类型的目标能带来更高的绩效"①。这种动机理论已经在个人身上和社会群体中得到了全面的检验。鲍姆和洛克的研究首次将动机理论应用到企业家身上。针对 229 名企业家开展的调查证实了这项研究的假设："企业家或首席执行官（CEO）设定的企业增长目标越高，企业发展的速度就越快。"② 两位作者开展的实证研究还证明自我效能与发展目标之间存在联系："企业家或 CEO 对企业增长的自我效能越高，给企业设定的增长目标就越高。"③ 研究证明，这既适用于整个组织的成长，也适用于个人目标的实现。这项研究用有说服力的证据证明，**雄心勃勃的长期目标对成功有重大影响。**它指出："我们将愿景作为长期目标来衡量，这项关于愿景的研究取得的积极成果必定会被解释为对制定长期目标的支持。"④

① Baum, J. Robert, Edwin A. Locke, "The Relationship of Entrepreneurial Traits, Skill, and Motivation to Subsequent Venture Growth," in *Journal of Applied Psychology*, Vol. 89, 2004, 590.
② Baum, J. Robert, Edwin A. Locke, "The Relationship of Entrepreneurial Traits, Skill, and Motivation to Subsequent Venture Growth," in *Journal of Applied Psychology*, Vol. 89, 2004, 590.
③ Baum, J. Robert, Edwin A. Locke, "The Relationship of Entrepreneurial Traits, Skill, and Motivation to Subsequent Venture Growth," in *Journal of Applied Psychology*, Vol. 89, 2004, 590.
④ Baum, J. Robert, Edwin A. Locke, "The Relationship of Entrepreneurial Traits, Skill, and Motivation to Subsequent Venture Growth," in *Journal of Applied Psychology*, Vol. 89, 2004, 596.

## 成为富人需要有大学学历吗？

许多年轻人仍然认为，接受大学教育是获得体面收入和开启成功职业生涯的最佳途径。一般而言，大学毕业生的收入可能比没上过大学的人的要高。但我们需要谨慎对待这种观点，尤其是它没考虑大学生就读期间有很长一段时间里收入为零，而且他们需要投入大量教育成本。

另外，过去的数据并不能完全昭示未来。实际上，那些从大学辍学甚至根本没有上过大学的年轻人并不是没有机会。

这里我可以举几个例子。

迈克尔·戴尔（Michael Dell，1965 年出生）：戴尔拥有590 亿美元的净资产，是世界上最富有的人之一。他高中毕业后，1983 年开始就读于得克萨斯大学并计划当医生。然而，他没有专注于学习，而是在 1984 年从大学退学，在得克萨斯州的奥斯汀创办了自己的公司。

理查德·布兰森（Richard Branson，1950 年出生）：布兰森患有诵读困难症，学习成绩很差。事实上，他没有获得任何学历就离开了学校。如今，他拥有许多家公司，是一位亿万富翁，也是英国最富有的人之一。

史蒂夫·乔布斯（Steve Jobs，1955—2011）：1972 年，乔布斯从加州丘珀蒂诺的霍姆斯特德高中毕业，就读于俄勒冈州波特兰的里德学院。第一学期后，乔布斯从大学退学，后来创立了世界上最有价值的苹果公司，成为亿万富翁。

莱因霍尔德·伍尔特（Reinhold Würth，1935 年出生）：

1949 年，14 岁时，莱因霍尔德·伍尔特的父亲让他上了初中，并让他在德国金策尔斯奥（Künzelsau）从事螺丝批发工作。沃恩是父亲公司的第二名员工和第一名学徒。19 岁时，父亲去世，伍尔特接管了公司，并创建了 1 家拥有 7 万名员工的跨国企业。据《福布斯》评估，他的净资产大约有 144 亿美元，当然他也是德国最富有的人之一。

迈克尔·埃尔斯伯格（Michael Ellsberg）撰写的《百万富翁的教育》（*The Education of Millionaires*）基于对大量没有大学学位的百万富翁和亿万富翁的访谈调查，挑战了学术教育是成为富人的重要因素这一传统观点。他说："在我采访过的和这本书提到的人里面，大约有 99% 的人是真正的百万富翁，有几位甚至是亿万富翁……所有受访的百万富翁和成功人士都对当前的教育模式表示不满意。"① 这本书的观点容易引发讨论，它认为，大学教授的内容只会帮助少数毕业生取得财务上的成功，在某些情况下，人们在学校学到的东西甚至可能是一种阻碍。埃斯尔斯伯格认为："人们接受教育有助于学会怎样从事一些重要的工作并获得报酬，所以说教育仍然很有必要。但是如今，几乎所有最终让你赚到钱的教育都要归功于实践智慧和技能的自我教育，而很多人是在传统教育机构以外获得这些智慧和技能的。"②

企业家埃里希·西斯特（Erich Sixt）是德国最富有的人之一，他在大学里仅仅待了两个学期就放弃了那些商业研究课

---

① Ellsberg, Michael, *The Education of Millionaires*, New York, 2011, 10.

② Ellsberg, Michael, *The Education of Millionaires*, New York, 2011, 17.

程。他后来说，大学教给他的知识与他后来的生活和职业完全无关。如果大学经济学系的教授知道致富的真正策略和秘诀，那么超过平均水平的工商管理专业教授可以凭借其全部知识成为千万富翁甚至亿万富翁——事实并非如此。

在一个有趣的实验中，受试者在计算机模拟测试中扮演工厂经理的角色，并通过调整工厂人员配置来维持特定的糖产量。这个测试系统的基本功能并没有事先透露给受试者。在学习阶段，受试者不知道他们随后会接受测试，这样做的目的是看看他们能做得多好。测试表明，他们可以在还没明白如何做才能做得更好的情况下调节糖厂的生产。

在另一个基于牛仔裤工厂的计算机模拟环境中，研究人员调查了系统知识和系统控制之间的相关性。在这项实验中，受试者的任务是，在只有一个主要竞争对手的市场上，对零售价格和产量做出决策，使工厂的利润最大化。外显知识是通过"回教"程序被测量的，测量结果被用来重建受试者的思维过程，即他们的"心理模型"。该研究得出的结论是，受试者"心理模型"的质量与他们创造的利润之间没有显著的相关性。与此同时，他们解决问题的思维过程的质量与他们创造的利润的多少不存在相关性。不过，值得注意的是，尽管工商管理专业的学生对商业流程有相对广泛的了解，但是他们的利润水平明显低于教育学或心理学专业学生的利润水平。

我在做"财富精英"研究项目时，对45名超高净值人士进行了深入访谈。我的大多数受访者和许多同龄人一样，受益于良好的中学和大学教育。我从对受访者的生平中发现，他们在中学或大学里的表现与后来取得的财富水平之间没有相关性。在中学或大学里表现最好的受访者通常不会在后来跃迁到最富有的社会阶层。1/3 的超高净值受访者没有上过大学，还有 1/7 的受访者甚至没有从高中毕业。

非正式学习理论的支持者声称，**大约有 70% 的人类学习过程发生在正规教育机构之外**。内隐学习理论认为**学习过程通常是无意识的和/或在无意识引导下进行的**。对于这些超高净值受访者来说，他们在中学和大学之外从事的活动远比他们的正规教育重要。除了极少数例外，所有受访者曾经是高水平的业余运动员或竞技项目运动员，或者他们就以非典型的创业方式赚钱。

超过一半的受访者在学校时就参加过竞技体育活动。在许多情况下，运动对他们来说实际上比学业重要得多。**作为运动员，他们学会了如何享受胜利，更重要的是，学会了如何应对失败。他们还学会了面对挫折，并且相信自己的能力。参与团队运动的人还培养了团队合作技能。**但大多数受访者并没有参与团队运动项目，他们是个人项目参赛者。他们是田径运动员、滑雪运动员、马术运动员、游泳运动员、网球运动员或柔道运动员。他们的运动表现很出色，他们得过地区级和州级冠军，有的甚至参加过全国锦标赛。然而，在某些时候，他们承认自己缺乏最高运动水平的竞技基因。有的受访者则因受伤而被迫放弃运动生涯。

这些超高净值人士早就利用中学或大学的课余时间挣钱，这种情况也很令人关注。青少年或学生一般从事的是小时工等工作，当然也肯定有例外。回顾超高净值人士早年那些新奇的想法和倡议，我们会发现他们有巨大的创造力。从化妆品到家庭冬季花园，从废弃车轮到自动汽车清洗机，从二手汽车和摩托车到保险产品和封闭式房地产基金，从自己饲养的动物到珠宝，从手工收音机到二手汽车收音机，他们销售过的东西应有尽有。毫无疑问，这些经历塑造了一批未来的企业家。他们学会了像企业家一样组织、销售和思考。**他们学会了——往往是无意识地——并习得了对任何企业家或投资者都非常重要的隐性知识。**他们早期的商业经历为后来创办自己的公司做了很好的准备。当然，没有人会说大学学历完全不重要。毕竟，很多非常富有的人上过大学。**但学习绝不是积累财富的先决条件，富人并没有在中学或大学学到对他们最重要的商业技能和思维模式。**

## 关于"富人游手好闲" 的认识误区

梅兰妮·伯温-斯科梅兰布洛在她的博士论文里分析了关于"富人游手好闲"的认识误区。在她的研究中，几乎所有受访的富人都在工作，他们中的**大多数人通过创业、自雇或在企业担任领导职务创造财富**。这同样适用于超级富豪中的全球精英阶层，正如克里斯蒂娅·弗里兰（Chrystia Freeland）的研究所表明的那样："现代富豪的一个显著特征是，与 19 世纪的前辈们相比，他们大多是要工作的富人。"[1]

就连像伊曼纽尔·赛斯（Emmanuel Saez）这样的对

---

[1] Freeland, Chrystia, *Plutocrats: The Rise of the New Global Super Rich and the Fall of Everyone Else*, New York, 2012, 27.

"不断加剧的收入不平等"持坚定的批评态度的经济学家也不得不承认，当代金融精英主要由"工作的富人"组成。他发现，1916年，靠工作赚取的薪酬在美国最富有的1%人群的收入中占20%；到2004年，这个数字增加了3倍，达到60%。[1]

不过，美国或德国富人的成长经历与印度或俄罗斯金融精英的成长经历有显著差异。

出生于印度的芝加哥大学教授拉古拉姆·拉扬（Raghuram Rajan）强调，与美国的超级富豪不同的是，大多数印度的超级富豪既不是软件行业的先驱，也不是具有创新精神的制造商。相反，"太多的人凭借与政府的密切关系而变得极为富有……土地、自然资源和政府合同或特许经营权是印度亿万富翁的主要财富来源，所有这些都来自政府。"[2]

俄罗斯的许多千万富翁和亿万富翁从苏联解体和随后的国家资源私有化中获得了巨大的利润，当时大型石油公司和制造企业被瓜分。许多美国的富豪是发明家或创新者，比如谷歌、微软、亚马逊、脸书、甲骨文、星巴克的创始人。与美国富豪不同，俄罗斯的超级富豪则因接近政治权力中心而获利。

---

① Freeland, Chrystia, *Plutocrats: The Rise of the New Global Super Rich and the Fall of Everyone Else*, New York, 2012, 27.

② Freeland, Chrystia, *Plutocrats: The Rise of the New Global Super Rich and the Fall of Everyone Else*, New York, 2012, 100.

# 第三章　创业是发财的
## 唯一途径吗?

阅读财经新闻，我们很容易得出投资股市是赚大钱的最佳途径这一结论。然而，没有多少人的财富是全靠金融投资积累的，在大多数情况下，自主创业是在通往财富的道路上踏出的第一步。

在一项对 472 位平均净资产为 235 万欧元的德国人进行的调查中，只有 2.4%的受访者认为股市投资是他们财富的主要来源。[1] 就连在美国这个投资股市的传统要浓厚得多的国家，一项针对 733 位百万富翁的类似调查也发现，只有 12%的受访者将股市投资视为他们取得财务成功的主要途径。[2] 这份美国研究报告的作者得出结论：尽管许多百万富翁投资股票，但他

[1]　Böwing-Schmalenbrock, Melanie, *Wege zum Reichtum. Die Bedeutung von Erbschaften, Erwerbstätigkeit und Persönlichkeit für die Entstehung von Reichtum*, Wiesbaden, 2012, 174.

[2]　Stanley, Thomas J., *The Millionaire Mind*, New York, 2001, 83.

们的财富源于其他方面，如创业、自雇职业或在公司任高级职位。

在第十二章，你会看到为什么投资股票是增加财富的好办法，不过前提是你清楚自己在做什么。然而，像沃伦·巴菲特这样在股市投资上积累了巨额财富的人却只占少数。

在德国和美国所做的研究证明，选择正确的职业是获得财务成功的关键。托马斯·J. 斯坦利在他著名的美国百万富翁研究著作中说："我研究了 20 多年的百万富翁，得到的结论是：如果你正确地做出一个重大决定，你很快就能获得巨大的经济收益；如果你有足够的创造力来选择理想的职业，你就会成功，大获成功！"[1]

尚未决定在完成高中、大学或研究生学业后将从事何种职业的年轻读者或许可以从本书中获取一些有用的信息，以便做出正确的职业选择。年纪较大的读者如果发现自己可能选"错"职业，改行永远都不算太晚——大多数富人不是通过最初的职业发家致富的。

我最初是一名大学历史老师，这份工作并没有让我变成富人——我的财富源自自雇职业和创业活动。马蒂亚斯·德普夫纳（Matthias Döpfner）是我在德国全国性报纸《世界报》担任编辑期间的老板，拥有音乐学博士学位。不过，他并不是因为音乐专业才变成富人的，而是因为他后来担任了阿克塞尔·

---

[1] Böwing-Schmalenbrock, Melanie, *Wege zum Reichtum. Die Bedeutung von Erbschaften, Erwerbstätigkeit und Persönlichkeit für die Entstehung von Reichtum*, Wiesbaden, 2012, 31.

施普林格（Axel Springer AG）这家欧洲最大的出版公司之一的董事会主席。

根据一项针对德国富人的调查，有 2/3 的富人在职业生涯中至少经历一次改行。这不是指在另外一家公司从事相同的工作，而是从事一份截然不同的工作。调查发现，91% 的企业家是如此，不过在中产阶层有这种情况的人的比例不到 40%。[1]研究发现："在职业生涯中改行的人致富的可能性是其他人的6 倍。"[2]

德国和美国的研究都证明，自雇专业人士——尤其是企业家——比企业高管更容易发家致富。

当然，雇员创造财富的可能性低于自雇人士创造财富的可能性有充分的理由，因为自雇人士要承担比雇员大得多的财务失败风险。不少高管即便把公司业务彻底搞砸也能获得价值数百万美元的"解雇费"，而企业家却要对自己的任何错误或误判所带来的后果负责。

## 你有创业成功所需要的条件吗？

并不是所有的商业冒险都有回报，事实上，大多数初创企

[1] Böwing-Schmalenbrock, Melanie, *Wege zum Reichtum. Die Bedeutung von Erbschaften, Erwerbstätigkeit und Persönlichkeit für die Entstehung von Reichtum*, Wiesbaden, 2012, 214.

[2] Böwing-Schmalenbrock, Melanie, *Wege zum Reichtum. Die Bedeutung von Erbschaften, Erwerbstätigkeit und Persönlichkeit für die Entstehung von Reichtum*, Wiesbaden, 2012, 230.

业在成立短短几年后就倒闭了。对德国和美国百万富翁的调查都表明，他们比普通人更愿意冒险。而且，从受雇于人到自主创业肯定会有风险。从这个意义上说，**财富是对更高风险水平的回报**。不过，别搞错了：冒险并不等同于赌博。事实上，**真正富有的人并不赌博，他们冒的风险是计算过的**。在上面提到的对美国富人的调查中，受访者还被问到在过去 12 个月里是否买过彩票。有趣的是，在受访者中，每两位最不富有的人中就有一位表示自己买过彩票；而在最富有的人群中，只有 1/5 的人在过去 12 个月里买过彩票，而且他们的净资产超过 1000 万美元。①

　　某些人格特质对于决定创业成功发挥着远比你在大学里所攻读的专业更为重要的作用。正如研究人员在特曼生命周期研究项目（Terman Life Cycle Study）中所发现的，许多企业家甚至没上过大学。该研究项目对加利福尼亚州伯克利地区的 1600 多名创业者进行了为期 60 年的跟踪调查。② 研究人员分析了 718 次访谈数据，以确定最有可能造就企业家的人格特质。

　　大五人格测试这项研究关注了大五人格特质（OCEAN）：开放性、责任心、外向性、宜人性和神经质。事实证明，在责任心、外向性、开放性方面得高分的人最容易创业，而在宜人

① Stanley, Thomas J., *The Millionaire Mind*, New York, 2001, 155.
② Schmitt-Rodermund, Eva, "Wer wird Unternehmer? Persönlichkeit, Erziehungsstil sowie frühe Interessen und Fähigkeiten als Vorläufer für unternehmerische Aktivität im Erwachsenenalter," *Wirtschaftspsychologie* 2/2005, 7-23.

性和神经质方面得分高的人不大可能成为成功的企业家。研究发现，具备"创业"人格特质的人比缺乏这些特质的人在人生某个阶段开办公司的可能性高出一倍。

最重要的是，创业需要逆潮流而动的勇气。奥地利经济学家约瑟夫·熊彼特（Joseph Schumpeter）在一百多年前发表的《经济发展理论》①中对企业家的心理进行了全面研究。他的一个重要发现是，企业家受社会普遍认同的规则支配的程度不同于大众。事实上，熊彼特将成功的企业家描绘为"不墨守成规者"（non-conformist），但他没有用这个词。

熊彼特发现："一个社会集团的成员的任何偏离常轨的行为都是受到谴责的。"他还说，这种反对态度可能造成"社会排斥，最后造成人身上的预防"②。虽然大多数人对于受到谴责做出的反应是避免偏离社会惯例，"社会的反对在一定的情况下起作用，并对许多个别人造成一种刺激"③。

尝试新事物不仅在客观上比做已经熟悉的和已经由经验检验的事情更加困难，而且个人不愿意尝试新事物，即使客观困

① Schumpeter, Joseph, *The Theory of Economic Development. An Inquiry into Profits, Capital, Credit, Interest, and the Business Cycle*, New Brunswick, 1934. 中译本见〔美〕约瑟夫·熊彼特《经济发展理论》，何畏、易家详等译，商务印书馆，1990。

② Schumpeter, Joseph, *The Theory of Economic Development. An Inquiry into Profits, Capital, Credit, Interest, and the Business Cycle*, New Brunswick, 1934, 86-87.

③ Schumpeter, Joseph, *The Theory of Economic Development. An Inquiry into Profits, Capital, Credit, Interest, and the Business Cycle*, New Brunswick, 1934, 87.

难不存在，他也不愿意尝试……因此，一种新的和不同的意志努力是必要的，以便我们在日常工作和生活中争取构思新组合的范围和时间，并把它看作一种真正的可能性，而不仅仅是一个白日梦。这种精神自由的先决条件是对日常需求的巨大剩余力量，它是一种特殊的、天生罕见的东西。[1]

"与其他类型的人相比，典型的企业家更加以自我为中心，因为他们不那么依靠传统和社会关系。他们的独特之处……恰恰在于打破旧传统、创造新规则"[2]。企业家类型的人"寻找困难，为改变而改变，以冒险为乐事"[3]。

熊彼特研究过推动企业家的力量。他坚信"财务业绩是次要的考虑因素，或者无论如何，只被视为成功的指标。作为大笔支出的动机，展示财务业绩往往比消费者对商品本身的需求更重要……金钱上的收益的确是成功的一个非常准确的表现……而为之奋斗的人认为，它还有一个额外的好处，那就是它是一个客观的事实，大都不受他人意见的影响"[4]。

---

[1] Schumpeter, Joseph, *The Theory of Economic Development. An Inquiry into Profits, Capital, Credit, Interest, and the Business Cycle*, New Brunswick, 1934, 86.

[2] Schumpeter, Joseph, *The Theory of Economic Development. An Inquiry into Profits, Capital, Credit, Interest, and the Business Cycle*, New Brunswick, 1934, 91–92.

[3] Schumpeter, Joseph, *The Theory of Economic Development. An Inquiry into Profits, Capital, Credit, Interest, and the Business Cycle*, New Brunswick, 1934, 93–94.

[4] Schumpeter, Joseph, *The Theory of Economic Development. An Inquiry into Profits, Capital, Credit, Interest, and the Business Cycle*, New Brunswick, 1934, 93–94.

　　熊彼特提出了许多论据来证明企业家的主要动机并不只是追求炫耀性消费。他坚称"企业家的活动显然是用超过一定数量的收入去购买的那些炫耀性商品的障碍，因为这些商品的'消费'是以闲暇为前提条件的"[①]。

　　无论是有意识地，还是潜意识地，熊彼特所定义的那种企业家是由两大动机驱动的："征服的意志"和"创造的快乐"[②]。熊彼特并不否认满足特殊欲望或"需求"的想法有可能成为驱动因素。"在一切场合，经济行动的意义就在于满足需求，意指如果没有需求，也就不会有经济行动。"[③] 不过，经济学家往往低估争取权力和独立的"非享乐主义"动机。熊彼特说："工业上或商业上的成功使人达到的地位仍然是现代人可以企及的最接近于中世纪的封建贵族领主的地位。"[④]

　　"典型的企业家只是在他们的精力已经耗尽、感到再也不能胜任工作时，才退居幕后。这似乎并不符合一个经济人的画像，他把可能得到的结果同努力的反效用加以对比衡

① Schumpeter, Joseph, *The Theory of Economic Development. An Inquiry into Profits, Capital, Credit, Interest, and the Business Cycle*, New Brunswick, 1934, 92.

② Schumpeter, Joseph, *The Theory of Economic Development. An Inquiry into Profits, Capital, Credit, Interest, and the Business Cycle*, New Brunswick, 1934, 93.

③ Schumpeter, Joseph, *The Theory of Economic Development. An Inquiry into Profits, Capital, Credit, Interest, and the Business Cycle*, New Brunswick, 1934, 91.

④ Schumpeter, Joseph, *The Theory of Economic Development. An Inquiry into Profits, Capital, Credit, Interest, and the Business Cycle*, New Brunswick, 1934, 93.

量，在适当时到达一个均衡点，超过这一点他就不愿意再前进了。"①

## 自我效能

对于企业家精神的研究最终证明，选择成为企业家的人自我效能高。自我效能的概念在阿尔伯特·班杜拉②的社会认知理论中发挥着关键作用。自我效能指的是人们对自己做某项具体工作或在特定局面下采取行动的能力所做的判断。按照这一理论，"对于自我效能的判断影响着对活动的选择、努力的程度、持续的时间、对局面的应对、情绪以及最终的表现"③。

换句话说，自我效能用于描述个人对自身掌控棘手局面能力的信心程度。代表两个极端的自我效能的是这样的看法："我能做这个"（高自我效能）或者"我永远也做不到这个。人们会怎么看我？"（低自我效能）。④

---

① Schumpeter, Joseph, *The Theory of Economic Development. An Inquiry into Profits, Capital, Credit, Interest, and the Business Cycle*, New Brunswick, 1934, 92.

② 阿尔伯特·班杜拉（Albert Bandura），美国当代著名心理学家、新行为主义的主要代表人物之一、社会学习理论的创始人。——译者注

③ Pervin, Lawrence A., *The Science of Personality*, New York, 1996, 386.

④ Pervin, Lawrence A., *The Science of Personality*, New York, 1996, 389.

自我效能被证明是远比其他人格特质更有效的创业成功的预测器。劳赫和弗雷泽的文章援引了有关的实证研究结果，这些实证研究表明成功企业家的自我效能得分要高于其他人的。"此外，在整合分析中，自我效能显示出与成功有着最高的相关性（修正后的相关系数 $r=0.419$）。这样的相关性和美国成年人的体重与身高之间的相关性一样高，而体重与身高的相关性是相关程度最高的医学关系之一。"[1]

德国的一项研究用 29 项人格特质对照测试了 98 名小企业主，结果也表明他们的自我效能（相关系数 $r=0.41$）比测试到的其他人的人格特质相关性都更高。相比之下，成功与冒险意愿之间的相关性小得可以忽略不计（相关系数 $r=0.11$）。[2]另外一项研究对比了自我效能、支配欲以及内在控制点得分高的企业家与这 3 种特质的得分低的企业家。在第一组企业家中，89% 的企业家取得了商业上的成功，相比之下，第二组企业家中只有 11% 的人取得了成功。[3]

美国的研究也证明，"创业自我效能"（ESE）与商业成功之间具有高度相关性，特别是在创业初期。创业自我效能衡

[1] Rauch, Andreas, Michael Frese, "Born to Be an Entrepreneur? Revisiting the Personality Approach to Entrepreneurship," in Baum, J. Robert, Michael Frese and Robert Baron (eds.), *The Psychology of Entrepreneurship*, New York, 2012, 53.

[2] Göbel, Sigrun, Michael Frese, "Persönlichkeit, Strategien und Erfolg bei Kleinunternehmern," in Moser, Batinic, Zempel, loc. cit., 101.

[3] Göbel, Sigrun, "Persönlichkeit, Handlungsstrategien und Erfolg," in Frese, Michael, *Erfolgreiche Unternehmensgründer*, loc. cit., 109.

量了"一个人对于他或她能够成功完成多种角色及创业任务
的信心强度"①。这种信心适用于创新、冒险、市场营销、管
理和从事金融活动。②

## 所有这些对于你来说意味着什么？

那么现在是你为创造财富而放弃领工资的职位、开始自主
创业的时机吗？要想创业成功，你除了要有超出常人的承担风
险的意愿之外，还需要具备许多技能和品质——太多想要创业
的人没有充分考虑这些。

遗憾的是，冈特·法尔廷（Günter Faltin）的评价没错，
学校甚至大学在让年轻人做好创业准备方面做得还是太少，在
柏林自由大学教授创业课程的法尔廷提醒道，传统的工商管理
硕士（MBA）课程以及针对创业者的许多建议往往关注的是
创办企业的运作层面，而忽视了一开始要有正确理念的重
要性。③

---

① Baum, J. Robert, Edwin A. Locke, "The Relationship of Entrepreneurial
Traits, Skill, and Motivation to Subsequent Venture Growth," in
*Journal of Applied Psychology*, Vol. 89, 2004, 98-99.

② Baum, J. Robert, Edwin A. Locke, "The Relationship of Entrepreneurial
Traits, Skill, and Motivation to Subsequent Venture Growth," in
*Journal of Applied Psychology*, Vol. 89, 2004, 99.

③ Faltin, Günter, *Kopf schlägt Kapital. Die ganz andere Art, ein
Unternehmen zu gründen. Von der Lust ein Entrepreneur zu sein*,
Munich, 2012, 36.

法尔廷一再重申："商业计划构思的质量是成功的关键因素。"[1] 为创办一家成功的企业，想要成为企业家的人需要不断反思自己最初的计划，直到他们想到比目前市场上可以找到的所有方案更好的解决之道。[2]

在法尔廷看来，传统的 MBA 课程在培养学生成为成功企业家所需的技能方面没能起多大作用：这些课程教授给学生的一半内容非常琐碎，任何人只要有一般的智力水平就可以想明白，根本用不着上大学；而另一半学习内容则过于复杂，以至于很难付诸实践。**MBA 课程更适合让学生准备好在极其复杂的公司环境下工作，而不是为开办自己的企业做准备。** 法尔廷列举了想要成为企业家的人应具备的以下条件：有未来的客户一下子就能看出来的重要竞争优势；[3] 比潜在的模仿者至少领先一步；防止自己的想法在经济和技术上变得过时；将财务开支降至最低；让市场营销成为筹划过程中不可或缺的一部分。

法尔廷认为，**企业家更像艺术家而不是公司高管。** 根据不

---

[1] Faltin, Günter, *Kopf schlägt Kapital. Die ganz andere Art, ein Unternehmen zu gründen. Von der Lust ein Entrepreneur zu sein*, Munich, 2012, 14.

[2] Faltin, Günter, *Kopf schlägt Kapital. Die ganz andere Art, ein Unternehmen zu gründen. Von der Lust ein Entrepreneur zu sein*, Munich, 2012, 16.

[3] Faltin, Günter, *Kopf schlägt Kapital. Die ganz andere Art, ein Unternehmen zu gründen. Von der Lust ein Entrepreneur zu sein*, Munich, 2012, 42.

同的研究，创业者的失败率高达 30%～80%①，在这种情况下，创业者需要尽可能地消除一切风险因素。因此，法尔廷告诫说："只要你还有疑虑，你就没有做好自主创业的准备。"② 他承认这样的建议与传统看法不符，"不过，几十年的经验教给我的是另外一套东西，我看到太多初创企业以失败告终，太多考虑不周全的想法，太多人过于仓促地去承担他们无力尽到的商业责任"③。

有些人创业是因为他们处理不好作为雇员所从事的工作，在大多数情况下，这样的人会创业失败，我看到有些人从一家公司跳槽到另一家公司，在哪里都干不好。他们当中的许多人总以为自己比他们所效力的公司管理者懂得更多。一旦他们创办自己的企业，就会意识到他们依旧在为一个老板工作，不过这个新老板——市场——往往更加残酷无情。另外，他们当中的许多人缺乏创业成功所需的关键素质，特别是自律。

正因为如此，在一头扎下去之前，先试探水的深浅或许是个好主意。如果你能从容地完成现有的工作，可是又有很好的商业创意，那么何不暂且创立自己的公司以获得额外的收入？

---

① Faltin, Günter, *Kopf schlägt Kapital. Die ganz andere Art, ein Unternehmen zu gründen. Von der Lust ein Entrepreneur zu sein*, Munich, 2012, 56.

② Faltin, Günter, *Kopf schlägt Kapital. Die ganz andere Art, ein Unternehmen zu gründen. Von der Lust ein Entrepreneur zu sein*, Munich, 2012, 140.

③ Faltin, Günter, *Kopf schlägt Kapital. Die ganz andere Art, ein Unternehmen zu gründen. Von der Lust ein Entrepreneur zu sein*, Munich, 2012, 141.

我当初就是这么做的。在完成第一个博士学业后，我花了五年时间在大学里当研究助理，不过，我通过在一家出版公司当顾问，并且为广播电台撰写专题文章、为报纸写书评增加了收入。

然后，当我在《世界报》报社担任高级主编、拿着高于平均水平的薪水时，我提出了在报纸上增加一个房地产栏目的想法，对此我的老板表示赞同。我还有其他想法，想帮助拥有并发行《世界报》的阿克塞尔·施普林格出版公司通过组织活动和会议，从市场发展趋势研讨中获利，我说服了出版公司，并在随后组织了一次关于海外房地产投资机遇的会议。

然后，我想趁热打铁，在第一次会议取得成功后（活动所获得的利润都归我的雇主所有）再组织一次、两次甚至三次这样的活动。然而，老板们决定，他们想再等一年，失望之下，我请求他们允许我来运作这类主要聚焦房产税法的会议和研讨会，风险由我本人来承担。之后，我开始组织"柏林房地产圆桌会议"，自1998年以来，已经组织了超过360场活动。换句话说，我当时在不必放弃正式工作岗位所带来的稳定收入的情况下，抓住了自雇的机会。很快，我通过自雇活动获得的收入就与我正式工作的工资不相上下了。

这让我有了在2000年创办自己的企业的信心，这是一家为房地产公司提供定位与宣传方面建议的咨询公司，当然，一边创业一边当报社主编会造成利益冲突，于是我意识到是做决定的时候了。幸运的是，就在那段时间，一家大型上市房地产公司的董事长想把我挖过去当他的战略与传媒总监。我谢绝了，不过告诉了他我要开公司的想法，他当即表示，要成为我的第一个客户。继之后几周得到了其他一些公司的承诺后，我辞掉了在报社的工作，创办了自己的公司（Dr. ZitelmannPB. GmbH）。这家公司后来发展成为德国领先的服务于房地产公司的公关咨询机构，并在成立15年后以MBO（管理层收购）的方式成功被出售。

我有个朋友目前是一名成功的房地产经纪人，他也是在还受雇于一家制造公司期间开始兼职做现在这份工作。他下午5点下班后，摇身一变成了一名房地产经纪人，虽然他经常工作到半夜，但从来没有忽略过自己的正式工作——相反，他甚至得到了提拔。我认识的另一个人把开健身房当作副业——当时健身业刚刚兴起，健身房还可以从下午5点一直营业到晚上11点并且还能盈利。

**你可以先用一段"试用期"看看自己是否具备成功运作一家企业所需的素质**，这或许是个好主意，当然这也是将随之而来的风险降至最低的好办法，但是你需要小心的是，不要忽视自己的正式工作。如果你让老板有理由怀疑你没有全身心地投入工作，他很可能不再允许你做兼职。你需要比任何时候都更卖力！

等到了你觉得应该迈出成为全职自雇人士的最后一步时，你应该培养合适的人来接手你现在的工作。**没有合适的替代人选就递交辞呈既不忠诚，也不负责任。**我在辞去报社的工作时，提议由我的副手接手我的工作。这名副手是从另一个部门调过来与我合作经营房地产栏目的，我相信他能做得很好。

我很幸运,事实证明我的直觉是正确的。我的公司很快在我们所选择的市场上占据了领先地位。虽然自创立以来,公司获得了相当可观的利润,但我在最初的几年里依然保持简朴的生活方式,住在租来的公寓里,开着一辆中档汽车。

不过,其他一些经历也教会我不要将成功视为理所当然。2010年,我创办了一家名为CAT的模特经纪公司。对于这家公司,我一度有雄心勃勃的计划。我聘请了一些经验丰富的经纪人和星探,他们曾在不同的国家为诸如福特(Ford)、精英(Elite)和梅加模特(Megamodels)这样的著名模特公司工作过。虽然我们想方设法让自己的公司有了一定知名度,比如,我们发掘的一些模特登上了《时装》(Vogue)和其他一些时尚杂志的封面,并参加了包括柏林时装周在内的秀场,但我很快意识到,我不会在近期取得收支上的平衡。我想到买下另外一家模特经纪公司或是另一家模特经纪公司的股票,但是我在查看了所关注的一家很有声望、很专业并且老板更了解模特行业的模特经纪公司的关键绩效指标(KPI)后,我对于在这一行业很难赚到钱的怀疑得到了证实。我决定不去买那家公司的股票,以减少我的损失,并解散了CAT模特经纪公司。

综上所述,**自雇人士和企业家创造财富的可能性远远高于企业高管创造财富的可能性**。不过,你不要低估随之而来的风险,在许多情况下,在你决定辞去正式工作之前,把自雇活动当作副业是明智之举。你可以从成功的企业家那里获得很多经验,不过从众多尝试过创业却以失败告终的企业家那里,你能学习更多。

要记住的一点是,你需要的资金量十有八九会比自己预期的要多。**如果你的创业想法只有在一切按计划进行的情况下才能行得通，那么你注定失败。**一旦你开办自己的公司，你就需要尝试不同的想法。你需要有耐心和勇气，还要有财力。

如果你在财务上依赖外部资金支持，那么不要低估这些投资人的急躁程度：很多时候，风险投资人在一家公司有机会取得成功之前，就撤了资。对于你的投资人而言，你的公司只是他们投资的众多公司当中的一个。他们非常务实，会采取两面下注的做法，并且知道他们所支持的大多数企业会倒闭。这是在你自主创业前，需要明白的另一件事。

我不想劝阻你。我只想提醒你不要误以为创业是每个想发家致富的人的正确解决方案。如果财务稳定对你而言很重要，或许更好的做法是把全部注意力放在你作为企业高管的事业上，同时做好储蓄和明智的投资，从而增长自己的财富。

不管你的目标是跻身公司高级管理层，还是作为自雇人士或企业家创造财富，除非你学会销售，否则你的发展会受限。正因为如此，下一章专门讲销售能力，到目前为止，这对所有企业而言是最重要的技能。

# 第四章 销售能力是创造财富的关键

当了一段时间的大学教师后，我开始在德国大型出版集团乌尔施泰因集团（Ullstein-Propyläen-Verlag）担任高级主编。出版业不是众所周知的高工资行业，乌尔施泰因集团也不例外。不过，我注意到有一个人挣得比其他人都多——比总编和经验最丰富的编辑都要多。这个人就是公司里最出色的销售员，他的工作是说服书店和百货商场大量购进我们出版的书。

收入统计数据表明，**销售总监的收入总是高于其他高级经理的，销售总监的收入处于收入等级的顶端。**他们的收入比商务总监、技术总监、财务总监、人力资源总监和研发总监的收入都高。[①] 不管你从事哪种行业，不管你的职业是什么，也不管你是受雇于人还是自雇，销售人员向来能得到最高的收入。

甚至在大银行，负责并购的投资银行家往往挣得比董事会成员都多。唯一的区别在于，支付给上市公司董事会成员的高

---

① Krauss, Reinhard, Rudi Groß, *Wer verdient wie viel?* Renningen, 2010, 137.

薪要公示，而个别投资银行家的收入水平通常不会对外公布。专门从事并购业务的投资银行家是买入和卖出公司的销售人员，他们收入的一大部分是佣金（"成功奖金"）。

企业家要想成功，也要善于销售。没有一个企业家能在不擅长销售的情况下赚钱。弥补销售技能不足的唯一方法是委托别人去做。

## 已有研究证实了销售的重要性

正如我之前说过的，为了完成我的博士论文《财富精英》[①]，我采访了45位世界顶级富豪，和他们进行了长时间的交谈。其中少有的几点引起了受访者非常一致的反馈，无论他们所从事的行业是什么：2/3的受访者表示，高超的销售能力对他们取得的成功起到了决定性的作用。超过1/3的人甚至将70%~100%的财务成功归因于他们作为销售人员的才能。尽管如此，至少乍一看，许多受访者并不符合销售人员的刻板印象——这实际上是他们在销售上取得成功的秘诀之一。

对这些受访者来说，销售不仅仅是简单地推销一个过程、产品或服务。他们更广泛地将销售定义为说服他人的过程，比如说服公职人员批准房地产开发项目，或说服顶级职位申请人加入公司，或说服员工接受他们分享的愿景，或说服银

---

① 最终研究成果的英文版见 Zitelmann, Rainer, *The Wealth Elite: A Groundbreaking Study of the Psychology of the Super Rich*, London/New York, 2018。

行家批准贷款。"一切都是销售。"一位受访者解释道。受访者认为，在销售过程开始时经常遇到的"不行"绝不是负面的回应。许多人解释说，把这个"不行"变成"行"，是他们最大的快乐来源。

这样做需要深切的同理心，许多受访者强调这一点。他们强调能够"读懂"他人的重要性，以直观地了解他人的恐惧、保守态度和反对意见，从而消除他们的心理隔阂。一些受访者称自己特别敏感，甚至说自己就是优秀的心理学家。

除了同理心，专业知识也非常重要，尽管它们需要与娴熟的沟通技巧相结合。受访者经常提到"能够把情况讲清楚"是销售取得成功的关键能力。他们还反复强调了建立人脉的重要性。受访者描述了他们如何通过勤奋、守信、不屈不挠和一心一意建立起人际网络，从而为自己在财务上取得成功奠定了基础。

这些受访者并没有在中学或大学时就展现他们的销售技能。深度访谈显示，这些千万富翁中的大多数人在年轻时就学会了销售。在中学或大学校园外面，他们不是以小时工那样的非技术工人的身份开始赚钱，而是通过销售赚钱。正是在这个时期，他们获得了销售经验，这有助于他们后来变得富有。

然而，销售能力不仅对企业家极其重要。任何想致富的人都需要有销售能力。过去，像医生、会计或律师这样的职业人士经常意识不到他们在经济上取得的成功在很大程度上也取决于高超的销售能力。当然，技术专长是他们从业的基础。然而，在超出一定范围后，患者或客户就无法评估技术专长的优劣了。如果你不能通过宣传你的专长并把自己定位为目标受众可以信赖的专家成功地吸引到客户，你的专业技能就不会转化为高于平均水平的收入。相反，你的潜在患者或客户会去同样能够胜任这份工作却更会推销自身技能的你的竞争对手那里。

同样，在演艺界，打造个人品牌是必不可少的技能。在流行音乐行业，拿着最高收入的不是嗓音最棒的那些人，而是精通自我营销的明星。从某种程度上说，甚至连运动员当中的高收入者也是如此。当然，技高一筹是先决条件，但是数额最大的广告合同往往给了那些善于推销自己并形成了不只体现高超运动技能的个人品牌的运动员。

阿诺德·施瓦辛格（Arnold Schwarzenegger）在体育界、电影行业和政界都很成功，他还一度是好莱坞片酬最高的演员之一。他在自传中说："不管你在生活中做什么，推销都是其中的一部分……一个人可以成为伟大的诗人、了不起的作家、实验室中的天才。你的工作可能是最出色的，但如果人们不了解它，你就一无所成！"[①]

为何在各行各业，销售人员都拿着最高的工资？和商界其他事情一样，工资也是由供求定律来决定的。大多数人不喜欢从事销售工作。他们声称不"具备销售所需的技能"，认为自己"对销售一窍不通"。出色的销售人员不多，因此，他们挣得比其他人多——就这么简单。要想擅长销售，你需要有特定技能和人格特质，而没有多少人具备这样的条件。一名出色的销售人员需要具备以下素质。

---

① Schwarzenegger, Arnold, *Total Recall: My Unbelievably True Life Story*, New York, 2012, 606.

（1）讨人喜欢的性格。你需要给人留下招人喜欢并且值得信任的印象。

（2）出众的社交技巧。你要乐于结识陌生人并且无论走到哪里都愿意扩大自己的社交圈。

（3）对于挫折的高耐受力。任何一名出色的销售人员所需具备的关键技能是在遭到拒绝时不要放弃。出色的销售人员不会把"不行"作为答案，而是会努力将最初的"不行"变成"行"。出色的销售人员知道，在最终达成交易之前，他们听到的否定答复要比肯定答复多。

（4）高度的共情。你要设身处地为他人着想、倾听他们怎么说并且还能坚持到底，达成交易。

（5）充满自信。如果你缺乏自信，对挫折就不会有足够大的耐受力。

（6）配套的专业知识。你推销的产品或服务越贵，这一素质就越重要。如果你没有丰富的专业知识，你就不能卖出价值数亿美元的商业地产或是价值数十亿美元的公司。

这些是决定一名销售人员的业绩和工资的素质。想成为优秀的销售人员，你需要具备尽可能多的相关素质。

与其他专业领域相比，销售人员的工资也更直接并且更明显地取决于供求情况。不管是房地产经纪人、投资银行家、财务顾问，还是医药代表，顶尖销售人员的大部分收入是基于业绩的奖金或佣金。

出色的销售人员获取高薪的原因是：高薪是对面对许多否

定答复做出的补偿，而且销售工作相对缺乏"保障"。销售人员永远都不能满足于过去所取得的成绩，而其他高级经理或许可以偶尔满足于过去取得的成绩。每个月的月初，销售人员都必须再次从零开始。没有人关心昨天的销售数字，唯一有价值的是他们今天的业绩。想要有保障的人渴望去政府部门工作，而想在风险和机遇中有一番作为的人则进入销售行业。获得更高收入的前景对他们而言比一份可以干一辈子的工作和一份固定工资所带来的安稳更为重要。

换句话说：一名顶尖的销售人员唯一的工作保障是他或她的自信。出色的销售人员不会从就业法规中寻求安慰，而更依靠自己月复一月达成交易从而不断赚取高薪的技巧和能力。他们还知道，公司总是需要他们——特别是在经济萧条时期，公司更需要他们在经济环境富有挑战的情况下使公司有新的生意。

甚至对那些没有学位的人而言，销售工作会提供比其他领域更好的赚取高收入的机会。像成绩单上的高分这样的正规资历在销售领域并不重要，这一领域比高学位是必备条件的职业领域更容易实现社会流动。

即便你不从事销售工作，你也需要具备推销的能力。甚至做全职工作的人也是如此。没有多少人仅凭擅长做某事而取得成功，他们还需要向公司里的其他人宣传自己的工作和他们的个人品牌。许多人会说："我不是这样的人，而且不擅长做这种事。"如果是那样的话，你会面临一个选择：要么接受别人走在你的前面，获得你一直想要的事业上的发展；要么你学会宣传自己和自己所做的工作。你必须把自己变成一种品牌——

"我品牌"。

以医生为例,能够赚得更多的人通常是能够成功地将自己定位为某一领域的专家的人。他们通过发表文章、做报告并且利用互联网推销自己。整形外科是个很好的例子,其市场是一块繁荣且竞争非常激烈的市场,如果你不对自己做出恰当的定位,就不能取得成功。在当今市场上,在线营销策略非常关键。要取得商业上的成功,你需要制定良好的搜索引擎优化战略来确保你的潜在客户或患者能够找到你的网站。

如果你不这样做,却抱着一种错误的观念,认为资历更高的人完全不用推销或营销就可以自动拥有竞争优势,那么你会无助地看着别人超过你——哪怕是资历不如你的那些人。

正因为如此,我甚至建议不从事销售工作的人也参与销售技能培训、阅读关于销售技巧的书并认真对待市场营销问题。目前,市面上有许多关于"推销自己的艺术"的好书,这些书对向来声称对宣传自己"一窍不通"的人会有帮助。美国市场营销专家凯瑟琳·卡普塔(Catherine Kaputa)证实:"尽管我们听到的一直都是像'最终令我们胜出的是才能'这样的话,但现实的情况更像是'最终令我们胜出的是知名度'。才能很重要,但是知名度将大获成功的人和做得还不错的人区分开来。"①

---

① Kaputa, Catherine, *You Are a Brand: In Person and Online, How Smart People Brand Themselves for Business Success*, Boston / London 2006, 240-241.

我认为有这么多人不愿意宣传自己，有两方面原因。一方面，他们缺乏冲劲和自信；另一方面，他们下意识地将充分宣传自己的能力与高估自身素质并美化自己的倾向联系在了一起。然而，你或许会惊讶于诚实——而不是假谦虚——是在商界取得成功的关键条件之一。要知道原因，请见下一章。

# 第五章　诚实是最佳策略

2018 年，为了推进"富人身上的目光"（"The Rich in Public Opinion"）这个研究项目，我委托益普索·莫里市场调查公司（Ipsos Mori）在美国、英国、法国和德国进行了一项调查，以了解当地民众对富人的看法。这可能是首次此类国际比较研究。我们向这些国家 1000 多名具有代表性的受访者提供了一份人格特质调查问卷，并问道："以下哪项最有可能适用于富人？"美国人最常选择的特质是"聪明"、"物质主义"和"勤奋"。在德国，民众对富人的观点较为消极，最常选择的特质是"以自我为中心"、"物质主义"和"冷酷无情"。

但无论受访者的答案有多么不同，此次调查中的所有受访者都同意一点：在这 4 个国家中，"诚实"是富人最不常见的人格特质。在这些国家，形容富人为"诚实"的受访者比例分别是：在德国，3%；在美国，8%；在法国，7%；在英国，7%。[①]

---

① Zitelmann, Rainer, *The Rich in Public Opinion: What We Think When We Think About Wealth*, Washington D.C. 2020, 276. 该书最新修订的中文版《富人身上的目光》即将由社会科学文献出版社出版。——译者注

在德国进行的另一项调查是为了了解富人是如何致富的。调查结果显示，52%的受访者认为，富人通过"不诚实"的手段积累财富。[1] 然而，在许多情况下，这不过是那些自己没能发家致富的人的借口，他们可以说"我很诚实，这就是我没有机会发家致富的原因"，以此来解释自己的"失败"。从社会心理学的角度来看，他们的回答是完全有道理的。

## 人们倾向于否定富人的道德品质的原因

在这种背景下，我在"富人身上的目光"这个研究项目中发展了我称之为"补偿理论"的社会心理机制。当有社会群体认为其他群体在经济上更成功时，其成员可以制定补偿策略来维持他们的自尊。社会地位较高的成员可能更容易接受社会排名的标准——如经济成功或教育——这是很自然的，因为他们自己处于社会等级的顶端。较高社会阶层的成员在社会经济和文化方面更倾向于有区别于其他群体，而较低社会阶层的成员更倾向于依赖道德标准。这种对道德标准的强调是工薪族和中下阶层的另一种标准，使这些阶层成员能够在社会经济和文化方面超越那些优于他们的人。

为保持自尊，对于一些人来说，仅仅指出他们也有贡献，或者强调他们认为做得特别好的方面，是不够的。只有当其他

---

[1] Glatzer, Wolfgang, Oliver Nüchter, et. al., *Reichtum im Urteil der Bevölkerung. Legitimationsprobleme und Spannungspotentiale in Deutschland*, Opladen / Farmington Hills, 2009, 65.

社会群体（较高社会阶层）被指责在有些方面有相应的失误或缺陷时，这种补偿策略才能奏效。"非富人"追求多种薪酬策略，质疑经济成功是决定人们满足程度和满意度的关键因素，而且他们要求更多地优先考虑人际关系、道德和家庭生活等其他价值观。但这些还不是全部。"非富人"在感到自己比富人优越时，通常需要相信自己在他们认为相关的所有领域都一样出色（或许甚至更出色）。"富人的家庭生活不美满、人际关系普遍不能令人满意，以及富人自私、道德低下"等这些刻板印象，一定程度上有助于"非富人"提升自己的优越感，从而"补偿自卑感"。

"社会弱势"阶层认为他们比富人优越的领域有共同特征：这些领域很大程度上是基于主观解释的。人们使用客观的衡量方法，很容易证明谁更有钱或受过更好的教育。谁拥有最充实的人际关系或最令人满意的家庭生活，就很难判别了。这方面更多地依赖于主观解释，比如某人的婚姻质量，局外人几乎是不可能对此做出判断的。

外部群体——比如富人——被认为是聪明、勤奋的或具有其他高能力特质，但没有道德特质，这会产生深远的影响。我们从认知研究领域了解到，人们对他人和社会群体的评价是基于道德特质的，而能力特质在其中起着明显次要的作用。研究人员已经证明，道德和能力是决定我们对外部群体看法的两个关键因素：我们的约 3/4 的看法是由这两个因素决定的。[1] 如

---

[1] Wojciszke, Bogdan, Róża Bazinska and Marcin Jaworski, "On the Dominance of Moral Categories in Impression Formation," in *Personality and Social Psychology Bulletin* 24, No. 12, 1998, 1251.

果人们倾向于认为富人有能力但道德上有问题，那么道德判断的权重就会高得多，而高能力特质导致的不是更平衡的总体评价，而是总体的负面评价。

2012 年 2 月发表的一份研究报告似乎强化了一种普遍的假设，即富人本质上是不诚实的。美国研究人员发现，在假设的情况下，较高社会阶层的成员将一卷卫生纸从办公室带回家或者使用盗版软件的可能性更大。他们还发现，豪车车主更不会替其他司机着想。[①]

那么富人的道德水平真的不如其他人的高吗？他们真的更有可能做不道德的事情或违反法律吗？暴力犯罪——谋杀、过失杀人、严重的身体伤害——和累犯都是在较低社会阶层更为常见，这又是怎么回事？

有些研究人员试图对这些事实进行定性，他们认为社会地位不同的人更有可能实施特定类型的犯罪。吉多·梅尔科普（Guido Mehlkop）在 2004 年关于"犯罪是理性选择"的社会学研究中发现，当不诚实手段在特定环境下会"带来回报"时，各个社会阶层的成员都更有可能表现得不诚实。根据他的研究[②]，逃税在社会阶层较高的成员当中更为普遍，他们认为自己可以从中获得好处，而它在社会阶层较低的成员中则没这么普遍，因为这一阶层中的许多人还没有达到需要纳税的收入水平。

---

① "Rich People More Likely to Lie, Cheat, Study Suggests," *Live Science*, February 27, 2012.

② Mehlkop, Guido, *Kriminalität als rationale Wahlhandlung*, Wiesbaden, 2011, 119 et seq.

相比之下，研究也表明，在商店偷窃的行为在阶层较低的成员中更常见。梅尔科普的结论是，由于阶层较高的人从这种偷窃中得到的好处较少，因此他们不大可能从事这样的活动。

不可否认有些人的财富是通过不正当手段获得的。在我看来，通过损害他人利益致富的人都是不道德的。在这本关于创造和增加财富的书中，你不会看到任何支持非法或损害他人利益行为的观点。

这不仅是道德原则的问题，还是对风险与机遇的理性计算。根据联邦刑事调查处公布的数据，2013 年德国总计发生71700 起白领犯罪事件，造成了 38.2 亿欧元的损失。未被曝光的此类犯罪事件非常多。[①] 不过，罪犯被抓的风险也非常高。2013 年，犯罪的白领被发现的概率达到 92%，几乎比其他罪犯被发现的概率高出近 40 个百分点。[②]

**诚实不仅是一种美德，也是经商时的竞争优势。**美国研究人员托马斯·J. 斯坦利在对 733 名百万富翁进行调查时，询问他们将什么视为对财务成功影响最大的因素。与受访者提到的 30 个因素当中的其他任何一个相比，诚实出现得更为频繁：57% 的人说"诚实地对待所有人"是"非常重要的"，还有 33% 的人将诚实视为自己取得商业成功的"重要的"因素。[③]

---

① Spiegel-online, July 24, 2014.

② Spiegel-online, July 24, 2014.

③ Stanley, Thomas J., *The Millionaire Mind*, New York, 2001, 45.

你或许会怀疑能否对这样的结果信以为真——毕竟，受访者将他们的商业成功归因于可敬且正面的品质而不是负面的品质不是再自然不过吗？当然，这种说法有一定的道理——另外，**只有20%的受访者把高于常人的智力列为其成功的"非常重要的"因素**。在30个因素中，智力排在第21位，而诚实在30个因素中排名第一。只有14%的受访者把"量入为出"作为"重要的"因素，而朴素的生活方式在30个因素中只排在第24位。如果受访者的目的是在这项调查中显示自己正面的品质——顺便说一下，这项调查是匿名的——这些受访者何不把朴素和高于常人的智力排得更靠前些？

## 成功基于信任

那么，是什么让诚实成为财务成功的关键因素？原因之一可能是信任因素在商业关系中极为重要。安永会计师事务所（Ernst & Young）的一项调查关注了信任在瑞士中型企业中所发挥的作用。研究发现，建立在个人品质和技能基础上的信任在商业关系中发挥着至关重要的作用。当然，信任也取决于像诚实和忠诚这样的价值观能像宣称的那样付诸实践。

这项调查发现，在建立信任方面，公司的规模或商业伙伴关系持续的时间都不是关键因素。"换句话说，如果伙伴关系继续存在，合作时间的长短会变得次要。鉴于这一发现，当关键的决策者跳槽到其他公司时，之前的公司会失去一部分客户也就不足为奇了。"①

安永会计师事务所的调查还表明，**"基于信任的伙伴关系"构成"关键的商业优势"**："信任商业伙伴的人能够快速行动并且创造更高的成本效益，还能够为创造力和创新提供空间。"②

约翰·D. 洛克菲勒（John D. Rockefeller）还是世界首富时就承认：**"我能在生活中取得成功，主要归功于我对他人的信任和我激发他们信任我的能力。"**③ 为何富人认为"信任"如此重要？你该如何与他人建立信任关系？

信任——不管是在个人之间还是在商业关系中——取决于以下 3 个因素。

（1）信任取决于你和他人过去的经历。你的商业伙伴过去有没有说到做到，他对你是否总是以诚相待？

（2）信任取决于他人的声誉。你的商业伙伴是否有诚实可靠的记录？其他商业伙伴和他合作时有什么经历？

（3）信任取决于直觉。你信任某人除了基于确凿的证据外，还往往基于"发自内心的感觉"。

① Ernst & Young, "Vertrauen zahlt sich aus. Eine Studie über das Vertrauen in Geschäftsbeziehungen von mittelständischen Unternehmen in der Schweiz," Zürich, 2008, 7.

② Ernst & Young, "Vertrauen zahlt sich aus. Eine Studie über das Vertrauen in Geschäftsbeziehungen von mittelständischen Unternehmen in der Schweiz," Zürich, 2008, 1.

③ Chernow, Ron, *Titan: The Life of John D. Rockefeller, Sr.*, New York, 1998, 67.

如果表现得不诚实，你有可能失去取得商业成功的必要基础：他人的信任。当然，不诚实和欺骗可能也会带来短期的成功。不过，你的商业伙伴肯定会发现你的不诚实。而且我们都知道，用不了多久——几天，有时甚至几个小时——多年甚至数十年建立起来的信任就会烟消云散。

此外，极少数人能够演技高超到可以在不被发觉的情况下永远不诚实下去。当然，的确有些人做到了在长达数年中愚弄他人——从重婚者到投资诈骗者和"无赖"银行家——所幸这样的人只是极少数。我们大多数人至多是演技平平的"演员"，而**赢得他人信任的最简单之道就是要值得信任，也就是诚实。**

那么，为何还有这么多人仍然认为富人必然是通过不诚实的手段致富呢？这是因为他们认为商业关系是一种零和博弈，有人得到好处，就有人要蒙受损失。通常的情况并非如此。**稳定的商业关系对双方都有好处：每个人都是赢家。**

大多数人曾在某时因商业伙伴的不诚实而感到失望甚至损失钱财。正因为如此，聪明的商人赞同沃伦·巴菲特的说法，他说："**你和坏人做不成好生意。**"[1]《巴菲特之道》让这句话成为这位伟大投资者所信奉的商业哲学中的检验标准之一："如果你甚至还要问自己这个问题，'我信任这个人吗？'，你应该立刻离开谈判桌，寻找更加诚实的公司来做生意。你不想

---

[1] Buffett, Mary, David Clark, *The Tao of Warren Buffett: Warren Buffett's Words of Wisdom: Quotations and Interpretations to Help Guide You to Billionaire Wealth and Enlightened Business Management*, New York, 2006, 6.

在将要跳出飞机的那一刻怀疑自己的降落伞是否会打开，同样你也不想在将要与一个人共同做生意时还在质疑他的诚实品质。"①

巴菲特的商业活动都围绕诚实这个核心原则。让人吃惊的是，巴菲特曾在没有要求对账目进行审核的情况下就买下了玛丽的家具店。就像他的儿媳玛丽·巴菲特所描述的："他只是问了她这家店值多少钱，她告诉了他，然后第二天，他给了她一张4000万美元的支票。当（她）后来就此事问他时，他答道，他对她的信任远超他对他的会计师的信任。"②

商界的不诚实行为不仅是不道德的，还是不理性的，因为它们经常意味着为获得很小的好处而承担巨大的风险。比如，许多公司高管由于在开支上做手脚而危及原本可能成就的大好前程。真值得为区区几百美元而让自己的事业面临危险吗？与失去工作这一潜在损失相比，得到的回报是什么？为什么要将把柄交给公司内最大的竞争对手？为什么要让自己的命运掌握在有可能发现你不诚实的职业会计师的手中？

对于沃伦·巴菲特来说，不诚实会将交易搞砸。巴菲特这样建议："在寻找可以雇用的人时，要关注三种品质：诚实、

① Buffett, Mary, David Clark, *The Tao of Warren Buffett: Warren Buffett's Words of Wisdom: Quotations and Interpretations to Help Guide You to Billionaire Wealth and Enlightened Business Management*, New York, 2006, 6.

② Buffett, Mary, David Clark, *The Tao of Warren Buffett: Warren Buffett's Words of Wisdom: Quotations and Interpretations to Help Guide You to Billionaire Wealth and Enlightened Business Management*, New York, 2006, 57.

智慧和精力。但是最重要的是诚实，因为如果他们不具备这一品质，那么另外两种品质——智慧和精力会要了你的命。"①他一直坚持的一点是，永远不要在做生意时做任何通不过"报纸头版检验的事情。我希望员工这样问自己，他们是否愿意让自己打算采取的任何行动第二天出现在他们本地报纸的头版，让他们的伴侣、子女和朋友读到由消息灵通并且吹毛求疵的记者对此所做的报道"②。

在巴菲特看来，人们需要扪心自问的不只是"这合法吗？"，还有"这合乎道德吗？"，所以下一次如果有人告诉你，欺诈别人是生财之道时，告诉他们，他们错了。别的先不说，经商过程中的不诚实能够说明自信心的匮乏——为了变得富有而采取不诚实甚至违法手段的人显然不相信他们有通过其他方式创造财富的能力。不然他们为什么冒这么大风险？巴菲特说："通过堂堂正正的手段可以挣到的钱很多。没有必要走歪门邪道。"③

---

① Buffett, Mary, David Clark, *The Tao of Warren Buffett: Warren Buffett's Words of Wisdom: Quotations and Interpretations to Help Guide You to Billionaire Wealth and Enlightened Business Management*, New York, 2006, 57.

② Schroeder, Alice, *The Snowball: Warren Buffett and the Business of Life*, London, 2008, 378.

③ Buffett, Mary, David Clark, *The Tao of Warren Buffett: Warren Buffett's Words of Wisdom: Quotations and Interpretations to Help Guide You to Billionaire Wealth and Enlightened Business Management*, New York, 2006, 13.

# 第六章　节俭的百万富翁们

20 世纪 90 年代中期，美国研究人员托马斯·J. 斯坦利和威廉·D. 丹科（William D. Danko）合著的《邻家的百万富翁》[①]（*The Millionaire Next Door*）一面世就取得成功，原因之一是该书披露了一些惊人的数字。两位研究人员展开了全面的调查，向平均财富为 370 万美元的 1000 名美国人问了 249 个问题。

大多数受访者对于以下 3 个问题的回答都是"是的"："你的父母非常节俭吗？你节俭吗？你的配偶比你更节俭吗？"[②]当问及消费习惯时，这些百万富翁透露了一些令人吃惊的事实：

---

① Stanley, Thomas J., William D. Danko, *The Millionaire Next Door*, Atlanta, 1996, 36-37. 中文版见〔美〕托马斯·J. 斯坦利、威廉·D. 丹科《邻家的百万富翁》，陈季东译，海南出版社，1998。

② Stanley, Thomas J., William D. Danko, *The Millionaire Next Door*, Atlanta, 1996, 36-37.

● 50%的受访者从没买过超过399美元的西装，75%的受访者没买过超过599美元的西装；

● 50%的受访者从没买过超过140美元的鞋，75%的受访者没买过超过199美元的鞋；

● 50%的受访者从没有买过超过235美元的手表，75%的受访者没买过超过1125美元的手表；①

● 50%的受访者从没买过超过2.9万美元的汽车，95%的受访者没买过超过6.9万美元的车。②

除了财富通过继承得来的14%的受访者（这些人平均花费3.6万美元购买一辆汽车）以外，百万富翁们在汽车上的平均花销为2.7万美元——只比美国普通民众总体而言在购车上的平均花销高出22%。③ 或许更令人感到惊讶的是，只有24%的百万富翁买过新车，只有20%的百万富翁租用过新车。④

斯坦利在几年后进行的后续调查中发现，接受调查的超过99%的百万富翁没有购买或租用过以下车辆中的任何一款：阿斯顿·马丁、兰博基尼、路特斯、法拉利、劳斯莱斯、宾利。

---

① Stanley, Thomas J., William D. Danko, *The Millionaire Next Door*, Atlanta, 1996, 32.

② Stanley, Thomas J., William D. Danko, *The Millionaire Next Door*, Atlanta, 1996, 114.

③ Stanley, Thomas J., William D. Danko, *The Millionaire Next Door*, Atlanta, 1996, 113.

④ Stanley, Thomas J., William D. Danko, *The Millionaire Next Door*, Atlanta, 1996, 113-114.

79%的受访者没有购买或租用过宝马或雷克萨斯，75%的受访者没有购买或租用过梅赛德斯－奔驰。[1] 最受美国百万富翁欢迎的一款汽车根本不是豪车，而是不起眼的福特。[2]

## 26美元一瓶的葡萄酒

在同一项调查中，百万富翁们被问到他们在邀请朋友或邻居做客时，会买多少钱的葡萄酒。90%的人说他们最多会买26美元一瓶的酒，如果是买来自己喝的话，价格甚至更低。[3] 还有95%的人说他们在自己最喜欢的餐馆吃一顿饭的花销不会超过40美元。[4]

研究人员发现，节俭而不是高收入是大多数百万富翁变得富有的主要原因。他们将高收入者分为有截然不同消费习惯的两个群体：PAW（庞大财富积聚者）和UAW（少量财富积聚者）。

PAW和UAW都拥有高于平均水平的年收入，分别为73万美元和71.5万美元。不过，虽然PAW拥有的资产数额平均

① Stanley, Thomas J., *Stop Acting Rich. And Start Living Like a Real Millionaire*, New Jersey, 2009, 181.

② Stanley, Thomas J., *Stop Acting Rich. And Start Living Like a Real Millionaire*, New Jersey, 2009, 203.

③ Stanley, Thomas J., *Stop Acting Rich. And Start Living Like a Real Millionaire*, New Jersey, 2009, 153-154.

④ Stanley, Thomas J., *Stop Acting Rich. And Start Living Like a Real Millionaire*, New Jersey, 2009, 157.

为 750 万美元，UAW 的平均财富却只有 40 万美元。① 研究发现："UAW 往往过着入不敷出的生活，他们看重的是消费。而且他们往往不重视能够创造财富的许多关键因素。"②

平均来讲，PAW 每年在服装上的开销为 8700 美元，而 UAW 的开销达到 3 万美元。PAW 每年在汽车上的开销为 1.2 万美元，在住房抵押贷款上的开销为 1.46 万美元；UAW 在汽车上的开销为 7.2 万美元，在房贷上的开销为 10.7 万美元。③

斯坦利在 2009 年出版的《停止装富并且开始像一个真正的百万富翁一样生活》（*Stop Acting Rich. And Start living Like a Real Millionaire*）一书中，创造了"收益表充盈者"这个词来形容喜欢花钱而不是攒钱以备不时之需的高收入者。与之对应的是"平衡表充盈者"，指的是有效且有条不紊地创造财富的人。④ 斯坦利给出了一个简单的等式来计算你属于哪一类：**用你的年龄乘以你的年收入，然后除以 10，就能得出你的预期资产净值**。换句话说，一个每年赚 10 万美元的 58 岁的人，资产净值应该为 58 万美元。⑤

---

① Stanley, Thomas J. , William D. Danko, *The Millionaire Next Door*, Atlanta, 1996, 92.

② Stanley, Thomas J. , William D. Danko, *The Millionaire Next Door*, Atlanta, 1996, 15.

③ Stanley, Thomas J. , William D. Danko, *The Millionaire Next Door*, Atlanta, 1996, 79.

④ Stanley, Thomas J. , *Stop Acting Rich. And Start Living Like a Real Millionaire*, New Jersey, 2009, 17.

⑤ Stanley, Thomas J. , *Stop Acting Rich. And Start Living Like a Real Millionaire*, New Jersey, 2009, 17 et seq.

有趣的是，"平衡表充盈者"（也就是资产净值最高的25%的人）的实际资产是预期净值的2.49倍。也就是说，上述例子中的58岁的人实际资产达到约144万美元。形成鲜明对比的是，资产净值排得最靠后的25%的"收益表充盈者"积聚的中位数财富只相当于预期财富的66.5%，这样一来，58岁的高收入者的净财富只有约38万美元。

两组人都表示他们的目标是"变得富有"。但是变富对这两组人来说有着截然不同的意味："收益表充盈者"想实现高水平的消费，而"平衡表充盈者"则为实现财务独立而奋斗。[1]

在一些职业中，"收益表充盈者"所占的比例要高得多，而在另一些职业中，"平衡表充盈者"占主导。2006年，在383名高收入的医生和275名高收入的律师当中，只有100人是平衡表百万富翁，而在100名成为平衡表百万富翁的农民当中，只有53人是高收入者。[2] 这些数字看上去或许很令人吃惊，而我们从中可以看出，许多高收入者没能成为百万富翁，而一些百万富翁并没有达到高收入的等级。

在另一项调查中，斯坦利关注了733名百万富翁的生活方式。他发现"百万富翁，甚至大多数千万富翁并不靠消费品来享受生活。他们的快乐和自我满足更多地与家人、朋友、宗教、财务独立、身体健康还有或许偶尔打打高尔夫球有关"[3]。

---

[1] Stanley, Thomas J., *Stop Acting Rich. And Start Living Like a Real Millionaire*, New Jersey, 2009, 64.

[2] Stanley, Thomas J., *Stop Acting Rich. And Start Living Like a Real Millionaire*, New Jersey, 2009, 53.

[3] Stanley, Thomas J., *The Millionaire Mind*, New York, 2001, 376.

虽然接受调查的 97% 的美国百万富翁拥有自己的住房，但没有多少人住的是豪宅。他们的房屋总价的中位数为 75 万美元，这主要是因为买入后的升值——购买这些房屋时的中位数价格为 45.3 万美元。① 只有一小部分百万富翁住在豪宅里，而 75% 的人所住的房屋建于 1978 年以前。②

虽然在美国常见的做法是将房产彻底抵押出去，等着它升值，然后通过再抵押取出用于消费的资金，不过在百万富翁当中，这种做法要少见得多，39.9% 的百万富翁已经还清了住房抵押贷款。还有 10% 的人房贷数额低于 10 万美元。③

进一步的调查还展现了许多令人惊讶的细节，这些细节与普通民众印象中的富人挥霍浪费的作风冲突：④

●70% 的百万富翁说，他们会将穿坏了的鞋拿去修，而不是买新鞋；

●一半的百万富翁说，他们会将家具重新装饰或者整修，而不是换新的；

●一半的百万富翁说，他们因为长途通话费过高而更换了电信服务提供商。

当问及最近 12 个月做了什么时，斯坦利所调查的美国百万富翁中，85% 的人和会计师谈过，81% 的人去过博物馆，

① Stanley, Thomas J., *The Millionaire Mind*, New York, 2001, 18.
② Stanley, Thomas J., *The Millionaire Mind*, New York, 2001, 320.
③ Stanley, Thomas J., *The Millionaire Mind*, New York, 2001, 322.
④ Stanley, Thomas J., *The Millionaire Mind*, New York, 2001, 309.

64%的人为慈善事业筹过款。美国人通常认为与百万富翁有关的活动其实没那么受欢迎：只有20%的百万富翁乘游艇航行和去巴黎度假，4%的百万富翁曾去阿尔卑斯山滑雪，只有3%的百万富翁曾乘船环游世界。[①]

研究人员还让百万富翁们记录自己30天内的活动。93%的人闲暇时与子女或孙辈在一起，88%的人和密友在一起，46%的人去麦当劳或汉堡王，31%的人去沃尔玛或凯马特购物，只有26%的人去了像萨克斯第五大道精品百货店这样的高级商场购物。[②]

## 自由与独立比奢侈更重要

虽然对比美国和德国百万富翁的消费习惯和休闲活动或许很有趣，但迄今为止，在德国还没有进行过类似的调查。在对财富精英的研究[③]中，我对45位超级富豪进行了深入访谈，他们在这方面提供了一些非常有趣的观点。受访者被要求在0（对我完全不重要）到10（对我非常重要）的范围内对与金钱相关的事情（以下6个潜在的答案）进行打分排序。

A：安全，即"除非我犯了大错，否则我不会有任何财务问题"。

---

① Stanley, Thomas J., *The Millionaire Mind*, New York, 2001, 384.
② Stanley, Thomas J., *The Millionaire Mind*, New York, 2001, 382.
③ Zitelmann, Rainer., *The Wealth Elite: A Groundbreaking Study of the Super Rich*, London/New York, 2018, 232.

B：自由与独立。

C：有机会在新事物上花钱，去做投资。

D：能够买得起生活中更好的东西。

E：自我肯定，确信自己做对了很多事情。

F：有了大量金钱，尽管富人有时会被嫉妒，但会得到更多的认可，并有机会结识有趣的人。

一方面，在很大程度上，受访者认为"自由与独立"是与金钱最紧密相关的方面。只有 5 名受访者在这方面选择了低于 7 的评分。对受访者回答的分析表明，23 名受访者对"自由与独立"的评分最高（10 分），只有 9 名受访者对"安全"的评分最高，"能够买得起生活中更好的东西"的评分仅为 2 分。

这些回答表明，"自由与独立"对于这些富有的受访者很重要。几乎所有受访者，包括 70 岁以上的受访者，都会定期工作，并投入大量时间在职业活动上。尽管事实是，他们中没有一个人因为经济原因而不得不工作。

另一方面，并非所有受访者都认同"能够买得起生活中更好的东西"。有 13 位受访者认为这是一个非常重要的因素。他们十分重视汽车、房子和假期。相比之下，有 10 位受访者认为，这个因素要么根本没有发挥作用，要么本来就不是一个重要因素。受访者中有一位是最富有的人之一，因禁欲苦行的生活方式而闻名，他对"能够买得起生活中更好的东西"的想法做了非常简短的回应。他说："继续下一个问题，这一点对我不适用。"对于这位富有的受访者来说，金钱只不过是执行某些创业任务所需要的工具。"我总是只看到任务和我想要创造的东西，我需要用钱去完成这些任务以及创造新东西。"另外一位受访者简短地回答了金钱对他起到了什么作用以及是否能让他"买得起生活中更好的东西"："对此我一点儿兴趣也没有。"还有一位非常简短地答道："我对此不感兴趣。"这位受访者给这件事只打了 1 分。

克里斯蒂娜·里肯斯（Christina Rickens）在 2012 年研究了德国百万富翁的生活方式后，的确得出了这样的结论："德国的富人很少像其他地方的富人那样沉溺于炫耀性消费。德国也没有多少无所事事的富人。在各种社会背景下，德国精英阶层人士主要通过工作来实现自我价值。"[1]

里肯斯发现，在德国的百万富翁中，用象征地位的东西来展示自己的财富并沉溺于炫耀性消费的"注重地位的富人"[2]是极少数的。不过，这一群体往往会比被里肯斯列为"立足已稳"、"保守"、"传统"或"开明知识分子"的大多数富人吸引更多的媒体关注。

和其他国家的百万富翁相比，炫富对于德国百万富翁来说不那么重要。为了找到价格昂贵的奢侈品牌的市场机遇，市场研究员调查了买得起奢侈品的人。受访者要按照 1 到 10 的分值，评估自己对奢侈品的感兴趣程度。中国富人的平均得分为 8.2 分，显示出对奢侈品的喜爱程度最高，然后是美

---

[1] Rickens, Christian, *Ganz oben. Wie Deutschlands Millionäre wirklich leben*, Cologne, 2012, 192.

[2] Rickens, Christian, *Ganz oben. Wie Deutschlands Millionäre wirklich leben*, Cologne, 2012, 103 et seq.

国富人（6.8 分）和德国富人（6.1 分），而日本富人以 5.6 的平均得分垫底。①

换句话说，日本是百万富翁比例最高的国家而中国是百万富翁比例最低的国家，这并非偶然，正如我们在第二章中看到的那样：特定的国家百万富翁的比例与该国最高收入者的消费习惯直接相关。

## 收益表财富与平衡表财富

人们在概括"财富"时，往往把这两种人群混为一谈：拥有大量财富的人和赚得很多却拥有很少财富的人。两者的区别主要在于他们的消费习惯。如果你想变富，你需要量入为出。

投资房地产是让储蓄变得更加简单的一个好办法。通过购买房地产并且将租金收入全部用来偿还住房抵押贷款，你就可以大大增加每月的储蓄数额。定期偿还房贷的情况会迫使你每个月留出一定数额的钱。你的收入越高，你就越容易申请到房贷，因为银行既要考虑到相关房产的价值，也要考虑你的个人信用等级。拥有房产的人到了退休时所积累的财富远超收入相当的其他人的财富，这并非偶然——必须偿还的房贷让他们每月都要储蓄。关于这个话题，第十三章有一些有趣的事实和数字。

许多人发现储蓄很困难，因为这意味着为了未来的收益，

① Kapferer, Jean-Noël, Vincent Bastien, *The Luxury Strategy: Break the Rules of Marketing to Build Luxury Brands*, London/Philadelphia/New Delhi, 2014, 124.

而放弃满足眼前的欲望。储蓄与坚持健康饮食有很多共同之处：饮食上的小错误会随着时间的推移不断叠加，另外，自我约束会带来长期的回报：不让自己现在吃一条巧克力或者买一辆新跑车，你最终会得到自己想要的结果，不管是完美的身材还是大笔的财富。

不过，大多数高收入者并没有攒足够多的钱，他们没有持之以恒地坚持储蓄，而且他们进行了糟糕的投资。在本书的第二部分，我会谈到投资者经常犯的一些错误以及如何避免这些错误。我在这里先给出一条至关重要的建议：**永远确保你的储蓄策略是建立在双重基础（房地产和股票）上的**。房地产的"缺点"——它比股票更难出售——其实是一个优点，它有助于你实施创造财富所需的自我约束。而只要你为创造财富制定了长期策略，股票"缺点"——价格经常出现大幅波动——就变得无关紧要。

需要记住的最重要的一点是：**永远不要动用你已经投在股票上的钱**。尤其是在股市暴跌时蒙受了看起来非常巨大的损失后，不要动用你的证券投资组合。而且在你需要钱来更换基本的家用电器或其他类似的物件时，千万不要动用这些投资。要想让自己创造财富的策略取得成果，你需要在建立自己的投资组合的同时，也要在活期账户留出"应急资金"。

请不要欺骗自己说："工资一上涨，我就开始储蓄。"随着收入的增加，你的期望值也会自动提高。假设你现在每个月赚3000美元——你可能不会相信每个月挣1.2万美元依然会不够花。不过，你会惊讶于随着收入的提高，你的期望值会提高得有多么快！

我的第一条建议是：**为你的住房抵押贷款设定高还款率**，这会迫使你每个月留出一定数额的钱。随着每个月支付还款，你支付的贷款利息会下降。你偿还贷款的速度越快，你的财富增长得就越快！正因为如此，拥有房产的人到退休时，能够积攒远比同一收入等级的其他人更多的财富，我们在第十三章会看到这一点。

有些计算结果会让你认为，将存款投入利率达 8% 的投资基金，你能赚更多的钱——既然如此，何必要投资回报率可能只有一半的房地产呢？不过，这样的计算结果既不切实际，也没有意义，因为它没有考虑到大多数储蓄者缺乏几十年如一日地将钱投入投资基金所需的自我约束能力，而房产所有者别无选择，除非他想让自己的房产被贷款机构收回。

我的第二条建议是：**每次当你的收入**——如果你是自雇人士的话，就是你的利润——**增加时，将增加的这部分收入的 50% 用于长期投资**。我们回到前面举的例子：如果你目前将 3000 美元月收入的 15%，也就是 450 美元存起来，那么当你的收入增加到 4000 美元时，你应该做的是将多出来的 1000 美元的一半放入月存款中，将自己的储蓄率从 15% 增加到 24%。下一次，当你的收入增加到每个月 5000 美元时，采取同样的做法——现在你每个月的存款额达到 1450 美元，或者说相当于你净收入的 29%。

这会让你在工资上涨的同时可以有更多的钱用于消费，同时又能大幅提升你的储蓄率。如果你做另一份工作来赚外快，那么对第二份工作的收入或利润也采取同样的做法。

虽然储蓄看起来可能难以开始，不过在变成习惯后，就容易多了。查尔斯·杜希格（Charles Duhigg）在《习惯的力量：为什么我们会这样生活，那样工作》（*The Power of Habit：Why We Do What We Do in Life and Business*）一书中，探讨了将新行为转变成习惯的重要性。他发现，要有行动上的改变，你需要有意志力，但是一旦这些改变成为你日常生活的一部分，你就不需要费什么力气了。杜希格总结道："研究表明，强化意志力的最好办法……是把它变成习惯。"① 消费和储蓄的情况都是如此：你可以很容易习惯于把自己挣的所有钱（或者高于自己收入的钱）花在消费品上。同样，你也能习惯于将一部分收入用于储蓄，把增加的收入或是你得到的额外收入的50%用于储蓄。

虽然不存钱的话你就不能变富这一点是事实，但你也不应该做得过头。有些千万富翁通过过极其节俭——甚至吝啬——的生活积累财富，他们似乎已无法摆脱这种习惯，尽管已经没有必要再这么精打细算了。我在做学生时，班上有个同学年过六旬，是个千万富翁，拥有数套房产。然而，他仍然骑着一辆生锈的破自行车，拿着破旧的公文包。他不肯花相对较少的钱买一本便宜的教科书，而是从图书馆借书。攒钱来创造你的财富并不意味着在你早就已经挣到了第一个100万美元以后，还让自己过得像个乞丐。

在创造财富的过程中，最重要的要素是**给自己设定明确的目标**。储蓄既需要**自我约束**，也需要**强大的动力**，而动力反过来又需要具体的目标。

---

① Duhigg, Charles, *The Power of Habit：Why We Do What We Do in Life and Business*, New York, 2012, 169.

# 第七章 为何设定财务目标很重要

不要让任何人告诉你想成为百万富翁是"不切实际的"。究竟是什么使《赚大钱》一书的作者给他的读者提出下面这条建议:"给自己设定一个只有2‰的德国人在有生之年能够实现的目标,这现实吗? ……让骆驼穿过针眼的可能性还更大些……如果'你可以获得想要的任何东西'这种错误信念让你失去了对真实世界的辨别力,那么十有八九你已经失败了——至少如果你的目标是成为百万富翁的话。"①

这种悲观的看法出自一名财务分析师兼金融市场研究咨询公司老板之口实在令人不解,而且这个人声称他的公司出的以10年为一个阶段的预测错误率不到1/3。② 如果他的公司做出

---

① Staud, Wieland, *Making Money. 51 Irrtümer, die Sie vermeiden sollten*, Munich, 2011, 144–145.

② Staud, Wieland, *Making Money. 51 Irrtümer, die Sie vermeiden sollten*, Munich, 2011, 196, note 15.

的预测真如他所说的那么准确，他应该在同一时间段轻松地从股市净赚几百万美元。

## 赚 100 万美元——一个 "不切实际" 的目标？

"切合实际"听起来像是合理的建议。毕竟，有谁想不切实际呢？不过，大多数人将"现实"等同于谦虚和小心翼翼地不制定过高的目标。我在《敢于不同：商业巨头白手起家的秘诀》（*Dare to Be Different and Grow Rich*）一书中讲述了众多富有的男男女女的故事，他们没有理睬这样的建议，有意给自己设定野心十足的目标，并因此大获成功。这尤其适用于财务目标。

曾全面调查过成功与财富所需的心理前提的作者都认为，朝着财务成功迈出的第一步是确切地知道你想要实现的目标是什么以及为什么以此为目标。[①] 在这个阶段，你不必确切地知道你如何才能实现这个目标。别那么不切实际了：如果在朝着你的第一个，甚至第十个 100 万美元前进的路上，你清楚自己所走的每一步，那么你将是非常罕见的例外。虽然大多数在财务上取得成功的人很早就知道他们不会甘于平凡或普通，但是在如何实现给自己设定的雄心勃勃的目标上，他们却一无所知。

---

① 这涉及拿破仑·希尔（Napoleon Hill）、约瑟夫·墨菲（Joseph Murphy）、哈夫·T. 埃克（Harv T. Erker）和博多·谢弗（Bodo Schäfer）的著作。

许多成功人士习惯写下自己的目标。美国作者拿破仑·希尔在关于他个人发展历程的经典著作《思考致富》（*Think and Grow Rich*）中，**建议写下想赚取的具体的数额，然后确定你打算实现这一目标的日期。然后试着以尽可能直观的细节，想象如果你已经实现了自己的目标，生活会变成什么样——正如希尔所言：“让自己表现得像已经拥有了正在追求的物质财富那样。”**①

当然，也有些变富的人没有去设想，甚至不一定预见到自己的成功。的确有些人是“碰巧”变得富有，因为他们发现了有利可图的利基市场，而且他们的产品销量太好，以至于财务上的成功可以说是不可避免的。

然而，你不能指望自己会成为这种为数不多的幸运儿之一。到目前为止，确保你实现目标的最简单也是最稳妥的方式是，确定你想在今后 10 年实现的具体目标，然后将其写下来。10 年是一个合理而“现实”的时间段。**许多人高估了他们在 1 年内可以做到的事情，但是低估了在 10 年内能够做到的事。**研究表明，人类所取得的大多数伟大成就——不管我们说的是财务上的成功还是在艺术、音乐或体育等其他领域的成就——都需要 10 年时间。② 正因为如此，你应该开始思考 10 年后想达到的财务状态。

你应该制定多远大的目标？没有适用于所有人的正确或错

---

① Hill, Napoleon, *Think and Grow Rich*, New York, 1937, 39.

② Colvin, Geoff, *Talent Is Overrated: What Really Separates World-Class Performers from Everybody Else*, New York, 2008, 83.

误的答案。要由你来确定自己感到满意的目标。我这样说的意思是什么？**首先，你的目标需要具有足以刺激你并令你倾尽全力的挑战性。**如果你能够精确地"计算"出如何实现目标，这无疑表明你的目标一点也不远大。

另外，如果给自己设定一个过于雄心勃勃的目标以至于连自己都不相信能够实现这样的目标，这也是没有意义的。比如，如果你告诉自己，你想变得比比尔·盖茨和沃伦·巴菲特还要富有，并且一路登上福布斯富豪榜的榜首，那么你内心深处的大话探测器可能会启动，让你不会完全相信自己的野心。

成为百万富翁并不需要高于常人的智商或出类拔萃的学术才能。美国只有15%通过创业创造了财富的百万富翁认为高智商是他们取得财务成功的先决条件。而61%的百万富翁强调了与他人相处的重要性。具有领导才能和善于推销自身想法或产品的百万富翁也很多，各占到45%。[①]

我认识的一些创造了数亿美元财富并且用诚实的手段获得这些钱的人却连大学的入学考试都没有通过。第四章强调了推销技能的重要性。许多非常成功的销售人员从来没有上过大学。如果他们能成为成功的销售人员，你为什么做不到？

大多数不愿意给自己设定远大目标的人是因为害怕失败。但是如果你听从本章一开头所提到的那位作者的建议，对自己说"我永远也赚不到100万美元"，那么你会失败。

话虽如此，或许明智的做法是，把你雄心勃勃的财务目标放在自己心里，只与已经实现了你为之奋斗的目标的其他成功

---

① Stanley，Thomas J.，*The Millionaire Mind*，New York，2001，50.

人士分享这一想法。这些人理解并鼓励你的可能性要大得多。毕竟，他们曾经做过你现在正在做的事情，因此他们明白你的雄心壮志不是"不切实际的"。然而，如果你把自己想成为百万富翁的计划告诉在生活中没有取得过成功的人，那么这个人很可能会做出这样的回答："做梦"或者"异想天开……"

对于一个计划赚取 100 万美元或者 1000 万美元财富的人而言，被怀疑所困扰是再正常不过的。和比你更充满疑虑的人交谈就像是洒下让你的疑虑生长的肥料。你的疑虑早晚会占据上风，你最终会在碰到诸多障碍中的一个以后认输，而这些障碍是你在实现自己的野心过程中必然会碰到的。

**在你写下了自己今后 10 年的总体目标后，将它细分为每年可以实现的较小的增加值。**不过，注意不要试图以线性进程来计算这种增长。如果你的目标是在 10 年中拥有 100 万美元，你不大可能在第 1 年获得第 1 个 10 万美元，然后在接下来的 9 年里每年再获得 10 万美元。你的财富更有可能呈指数式增长。换句话说，更现实的做法是，给第 1 年设定 5 万美元甚至 2.5 万美元的目标，到了第 10 年时，你依然能够收获 100 万美元的财富。

## 如何编排你的潜意识

一旦你设定并写下自己每年要达到的目标，你就可以通过将它们"编排"进你的潜意识来大大增加实现这些目标的可能性。最近 30 年来，我一直在进行一种被称为"自我放松训练法"的精神训练。这种训练法最初源于催眠术，会让你达到彻底放松的状态，让你的潜意识很容易接纳暗示并将你的目标直观化。

重要的是要**让你的潜意识相信你的财务目标既令人向往，又切实可行**。一旦你成功地将这些目标"编排"进自己的潜意识，你会找到实现它们的方式。正如我讲过的，你不必知道到底如何实现这些目标，你只需明确努力的方向。这会赋予你一种内置的指南针，指引你走向正确的方向。你可能突然间有机会自主创业，或者有干第二份工作或做利润丰厚的投资的绝妙想法。

许多人往往将这样的做法视为痴人说梦或者异想天开而不会当真。之所以有这样的怀疑，在很大程度上是因为他们认为"如果真这么简单，所有人都会这样做"。然而，并不是所有人都在这样做。大多数人没有给自己设定任何目标，更不要说将这些目标写下来了，而即便有些人这样做了，他们设定的目标也太低了。大多数人没有试过能够让自己实现远大目标的精神方法。大部分人也没有读过相关书籍。

顺便说一下，事实上，富人也远比穷人更有可能设定并写下自己的目标。美国作家托马斯·科利（Thomas Corley）花费5年时间对富人和穷人进行了观察和调查。出于研究的目的，年收入超过12.5万美元、资产超过250万美元的人被归为富人，而年收入低于2.75万美元、积蓄少于4000美元的人则被归为穷人。

该研究发现，这两种人群在目标导向方面有着显著的差异：62%的富人说，他们每天都关注自己的目标，相比之下只有 6% 的穷人会这样做。[1] 2/3 的富人还说，他们将自己的目标写下来。

那么，何不尝试一下这种做法？你认为这是想要实现自己目标的一种"不切实际的"方法吗？与之相比，不切实际得多的做法是，以为你能像现在这样过下去，然后某天早上突然醒来发现自己成了百万富翁。这种情况是绝对不会发生的。**你当前的财务状况准确反映了你当前的思维方式。如果你不改变自己的思维方式，你就无法改变自己的财务状况。**

**一旦你给自己设定雄心勃勃的财务目标并开始将这些目标直观化，你的生活就会开始改变。那些你曾不假思索地错过的机遇和人突然之间有了新的意义。你会吸引有助于你实现目标的人和事。**你的目标（你想达到的状态）和你当前的状态之间的紧张关系会形成一种富有成效的不满，它会驱动和激励你。

目前，你的潜意识存储了大量信息，即使你有意识地试着去感受，你也无法获取这些信息。不断给潜意识输入积极的东西：**阅读关于将雄心壮志变为现实的人的书，不管他们专注于什么领域；寻找同样雄心勃勃和成功的人以及已经做到了你想做的事情的人。**观察这些人并与他们交谈会给你的潜意识提供更有用并且更有建设性的信息。

我记得有一次乘坐长途出租车时和态度友好的司机聊天。我问他对其他什么事情感兴趣，他说他上过大学。我起初以为

---

[1] "Hörbücher und Zahnseide. Die Marotten der Reichen," in *Finanzen* 100 on October 20, 2014.

他退学了，不过事实是，他成功地拿到了生物学学位。当然，我想知道他为何做出租车司机这种每个月赚 1000 欧元的工作。他给我讲了一个又长又曲折的故事——我记不清所有的细节，但基本上都是关于他的不幸遭遇、他所遭遇的种种不公以及他的绝望处境。

　　有一刻，他问我该怎么做才能让情况朝着好的方向发展。**我答道："我只认识你 20 分钟，所以无法告诉你怎么做。不过或许你应该休息 4 周，在这段时间里只和收入至少是你 10 倍的人聊天。"**他对此表示反对，说不认识这样的人。他所认识的人要么是出租车司机，要么是失业者。我怀疑这些人可能让他越发认定没有办法摆脱目前的处境。

　　每当不成功的人聚在一起时，他们会给彼此泄气。他们喜欢谈论社会不平等，喜欢将自己的问题归咎于他人。他们抱怨"制度"或"身居高位的人"，让自己成为没有希望的"小人物"。而这样一来，他们剥夺了自己原本可能拥有的一切机会。

　　富人们的想法不同。财富研究者所做的调查表明，富人不会认为其他人要为自己的不幸或幸运负责。88% 的德国富人认为"生活的方向掌握在我的手中"[①]。59% 的德国富人认同下面的说法："一次又一次不断陷入大麻烦的人大多至少在一定

---

① Sehity, Tarek el, Anna Schor-Tschudnowskaja, "Vermögende in Deutschland. Die Perspektiven der Vermögensforschung," in Lauterbach, Wolfgang, Thomas Druyen, Matthias Grundmann (eds.), Wiesbaden, 2011, 160.

程度上该为此承担责任。"① 根据有关"德国的财富"的研究，德国只有 2.5% 的金融界精英不大"相信别人掌握着自己的命运"②。多达 62% 的人坚定地认为他们的命运掌握在自己手中。换句话说，掌控自己的生活而不是将所有负面经历归咎于"社会"或其他外部因素的人将更有可能获得财富。

当然，只给自己设定雄心勃勃的目标还不够。你还需要掌握关于金钱和投资的扎实知识，从而避开金融市场上的陷阱——否则你有可能将自己挣来的钱损失殆尽。本书的第二部分会教你如何明智地投资，从而让你的财富保值并增值。首要的一点是，你需要对自己的投资负责。

---

① Sehity, Tarek el, Anna Schor-Tschudnowskaja, "Vermögende in Deutschland. Die Perspektiven der Vermögensforschung," in Lauterbach, Wolfgang, Thomas Druyen, Matthias Grundmann (eds.), Wiesbaden, 2011, 163.

② Sehity, Tarek el, Anna Schor-Tschudnowskaja, "Vermögende in Deutschland. Die Perspektiven der Vermögensforschung," in Lauterbach, Wolfgang, Thomas Druyen, Matthias Grundmann (eds.), Wiesbaden, 2011, 161.

# 第二部分　如何保有财富

# 第八章　对你的投资负责

本书开头所列举的例子表明，**如果你不知道如何让自己的财富保值并增值，光是赚一大笔钱还不够**。所有那些彩票中奖者、运动员、演员和流行歌星都是由于对如何投资一无所知，转而让自己听任所谓的顾问摆布，因此失去了财富。他们没有能力或不愿去管理自己的财务状况。

在买了这本书并读到这里以后，你已经朝着对自己的投资负责的正确方向迈出了一步。令人惊讶的是，有那么多人信赖各种各样的"顾问"，许多顾问其实是为银行或保险公司工作的。

把银行雇用的销售主管当成独立的顾问——就因为他自己这样说——只是你犯的第一个错误。这些顾问大多是纯粹的推销员，他们的任务是通过销售金融产品为银行创收。他们的销售目标和可以卖什么、不可以卖什么的指示直接来自银行总部。在这种情况下依赖他们提供独立的建议很可能是很幼稚的。

有些银行和资产管理公司现在提供收费的咨询服务，这意味着顾问的酬劳直接由客户支付，而不是来自银行提供的销售佣金。这种服务对于客户来说透明度高了许多，而且在很大程度上消除了困扰着佣金制咨询服务的利益冲突。不过，目前使用这种服务的客户很少。而且虽然利益冲突的风险大大降低，但这也并不一定意味着顾问真的能够让客户的财富增加。

富有的客户和普通账户持有人相比，幼稚程度好不到哪里去。许多通过自己的工作赚了一大笔钱的企业家或职业人士过高估计了自己做出明智财务决策的能力。他们作为医务工作者、法律专业人士或者公司老总的经商技巧绝不意味着他们具备做出明智财务决策的素质。相反，有时他们在自己的领域取得的成功会让他们以为自己战无不胜，进而导致糟糕的财务决策。

许多高净值人士将他们的财务决策委托给家族理财室，或者所信任银行的私人银行服务或财富管理团队。它们是向比较富有的客户提供服务的机构或团队，客户会对此感到荣幸，并期望得到按照他们个人的需求量身打造的高品质咨询服务。私人银行机构喜欢用诸如"专属定制的财务建议"和"资产管理"这样的空洞字眼来吸引客户。

我去过许多这样的专属银行，它们的顾问举止得体、环境高雅、家具昂贵，而且这些银行以醒目的方式展示了自身悠久且卓越的历史，这些历史往往可以追溯到几百年前。最重要的是，它们传达给客户的是令人安心的、卓尔不群的感觉——就像购买奢侈品或者入住只有少数人负担得起的豪华酒店这样的行为给人的感觉。令人遗憾的是，在某些情况下，这类银行提供的服务与你从任何一家普通零售银行在本地开设的分行所获得的服务相比，差别也仅限于此。

我一直感到好奇的是，对于我想了解其资产管理业绩记录这个合理要求，私人银行却总是用借口而不是正面回答来应对。这些机构在找理由说明为何不能向我提供具体的数据时，会很有创造性：不同的客户有不同的需求，提供基准业绩是没有意义的，因为它们看的是"总回报"……我的观点是，结果自会说明一切——换句话说，如果银行"总回报"的做法奏效，就绝对没有理由不去披露、证明并展示这些业绩记录。还有什么比用证据来展现出类拔萃的业绩记录更能吸引新业务？

然而，就算是一家银行真的提供了关于过往业绩的信息，如果负责取得这些成果的人依然在这家银行工作，那么人们只能暂且相信这样的业绩。如果过去负责挑选用来投资的基金和股票的人后来跳槽到了其他银行或开办了自己的公司，那么过往的业绩对于当前和未来没什么参考意义，甚至不能说明任何问题。非常奇怪的是，迄今为止，没有人对于私人银行投资组合的长期业绩情况做过任何科学研究。[1]

在大多数情况下，财务顾问提供的是不完整的服务，忽略了资产类别。虽然高净值人士将 1/3，甚至一半资金投入房地产的情况绝不鲜见，但人们很难碰到作为这方面专家的顾问。这样的情况出现有着充分的理由：房地产市场远不像他们更青睐的金融产品那样标准化，这意味着咨询过程可能会更加复杂

---

[1]　Kommer, Gerd, "Herleitung und Umsetzung eines passiven Investmentansatzes für Privatanleger in Deutschland. Langfristig anlegen auf wissenschaftlicher Basis," (Doctoral dissertation, Erfurt 2011) Frankfurt/New York, 2012, 120-121.

并耗时。

你还要考虑的一点是，房地产投资者往往倾向于长期持有房产，从银行的角度来看，房地产是不那么具有吸引力的投资对象——毕竟，被房地产套牢的资金不能再被用于其他类型的投资。银行通过短期投资赢利，任何投资组合重组都会增加银行基于佣金的收入。银行喜欢房地产投资的唯一一个理由是将其视为向客户兜售抵押贷款的机会。否则，它们会将投入房地产的钱当作被长期投资套牢的"呆滞资本"，只能为客户产生利润。当然，从银行的角度来看，唯一值得去做的投资是能够为银行产生利润的投资！

至于投资股票，任何一家金融机构在私人银行或财富管理领域的业绩所面临的真正考验是，它的顾问能否从长远来讲胜过市场的表现。如果他们的策略是将客户的资金投入个股（而不是投资基金），那么你需要问自己这样一个问题：**是什么让你觉得这家银行的私人银行业务或财富管理部门比全世界所有的基金管理公司更胜一筹？**如果你并不这样认为，那么为什么不把你的钱投入反映市场行情的、更具有价格竞争优势的基金？交易所交易基金（ETF）对投资者来说是一种便宜得多的选项，我会在下文讲到这一点。

如果一家银行通过一种伞形基金来安排客户的投资，而这种基金又投资于一些特定的基金而不是个股，我仍然想看到有证据证明，尽管我要向这家银行支付额外的费用，但它能够向我提供比我投资指数基金更好的长期前景。

我一直不明白为什么银行客户真的以为他们的财务顾问能够与全球精英一较高下。因为这就是问题的关键。你要记住，你或者你的财务顾问对抗的是全世界最出色的职业投资者。2014 年全世界最大的对冲基金桥水基金公司管理的资金数额达到 1600 亿美元，该公司的创始人雷·达利欧（Ray Dalio）解释了为什么认为一个小投资者在与专业人士的竞争中获胜的可能性微乎其微："我有 1500 名员工和 40 年的从业经验，可是这对我来说仍是一场艰苦的博弈。你在与世界上最出色的'扑克牌玩家玩扑克'……你一加入这场游戏就会发现，你不只是在与坐在对面的那些家伙'玩扑克'。这是一场全球博弈，只有比例很小的一部分人能够真正从中赢钱。他们赢得很多。他们会将不太擅长这一游戏的人的钱赢走。"①

正如格尔德·科默（Gerd Kommer）在他的博士论文中所论证的，即便私人银行投资组合经理能够创造比市场回报率高出一个百分点的总回报，净回报也比投资非托管的 ETF 低了一个百分点。持续收取的管理费（约为 2%）和购买基金产品的费用再加上可能与业绩相关的收费，总计会损失的回报可能远远高于这个例子所展现的额度。② 投资者几乎总是低估这些费用的长期影响。我来给你举个例子：假设你有 10 万美元，要么投资主动管理型基金，要么由财务顾问替你投资。保守估计，每年的管理费会达到 2%。如果你将同样一笔钱投入 ETF，

① Robbins, Tony, *Money. Master the Game: 7 Simple Steps to Financial Freedom*, New York/London/Toronto/Sydney/New Delhi, 2014, 21-22.

② Kommer, Gerd, "Herleitung und Umsetzung eines passiven Invest-mentansatzes für Privatanleger in Deutschland. Langfristig anlegen auf wissenschaftlicher Basis," (Doctoral dissertation, Erfurt 2011) Frankfurt / New York, 2012, 122-123.

每年支付的费用会接近于 0.5%。我们假设，在两种情况下，你的投资在 30 年里取得的年回报率在扣除各项费用之前为 8%。你的"被动"投资在 30 年里会产生 87.5 万美元的净收益，而主动管理型基金只给你带来 57.4 万美元净收益——你损失了 30 万美元。这笔损失完全是由"主动"管理型基金的更高费用导致的。换句话说，在 30 年里，你为投资的"主动管理"总共付出了 30 万美元。你想到过区区 1.5% 的差别会让你少赚 30 万美元吗？**如果你早知道主动管理型基金会让你付出 30 万美元的代价，你当初会不会做其他的选择？**

我不是在劝你不要将自己的资金委托给资产管理公司或私人银行。不过"信赖"不等同于"盲目信任"。在理想的情况下，你可以把你在资产管理公司或私人银行的顾问当作咨询人或切磋伙伴，他们应该用专业知识来与你讨论你的投资想法。

无论你决定自己管理资金还是咨询银行、资产经理或其他类型财务顾问的意见，最终要对你的资金负责的只有你自己。为什么有这么多人不愿承担这个责任？将责任委托给别人更省事，因为你可以将一切投资上的失败归咎于银行或顾问。如果你的投资能够按照计划取得成功，你可以将这样的结果归功于自己——如果没有成功，你可以让别人为此"负责"。如果总这样想的话，你就永远不会成为成功的投资者！

大多数人——不管他们是否富有——对于自身财务状况的关注度远未达到应该有的程度。请记住，**与你的健康、工作和家庭一样，你的财务状况也是你的生活的重要方面。**许多人私下里对任何与金钱有关的事情都持消极态度，不愿深入探讨这一问题。然而，**如果你选择继续在财务方面一无所知，你就永**

**远不会成为成功的投资者。与生活中其他方面一样，投资是一项能够学会的技能**——你可以从经验中学习，也可以通过阅读类似本书这样的书籍来学习。

最后要说的是，许多投资者往往高估或低估这个问题的复杂性。许多"结构化"金融产品的确极其复杂。不过，你不需要很多这类产品。本书会告诉你，在投资股票和房地产以及直接投资于股票和房地产的基金方面，你所需要了解的一切。

# 第九章　打破分散投资
## 和波动性的神话

你在向投资顾问咨询或阅读专业刊物上有关投资的文章时，总会碰到一些存在已久的至理名言。其中最常见的是以下这些好像适用于所有情况的说法。

(1) 不要把所有鸡蛋放在一个篮子里！通过分散投资缩小风险敞口！

(2) 低波动性等同于低风险。

这两种说法相互关联——将你的投资分布于若干不同的股票和房产来实现分散投资被认为会降低整个投资组合的波动性；而且你让波动性降得越低，你的风险就越低——许多专家会这样告诉你。

如果说他们的建议看上去有道理，那么想想这一点：在整个职业生涯，沃伦·巴菲特都在通过不计其数的演讲和文章以及他自己的投资选择来拆穿这两条表面上的真理。

在开始质疑这两种说法之前，我先让你更清楚地了解一下它们出现的背景和意义。20世纪50年代，哈里·M.马科维茨（Harry M. Markowitz）提出了投资组合理论，该理论基于这样一种假定，即为取得一定水平的预期收益，投资者能够通过精心选择各种资产的搭配比例来实现投资总体风险的最小化。马科维茨认为，各种资产之间的关联性越低，投资者就越能降低投资组合整体上的收益率标准差。根据这一理论，实现分散投资效应最大化从而让风险最小化的最佳策略是投资个体收益之间关联度低的资产组合。

## 穿越时空的投资者

我们来做一个思想实验，以确定为何将你的资金分散在尽可能多的投资品种上可能不是一个好主意。想象你有一台时光机，通过它你可以穿越到10年以前去投资你的资金。你会分散投资吗？当然不会。你清楚地知道哪些投资在今后10年里会有最佳的表现，因此把你所有的钱都投入一个投资产品是非常明智的做法。如果黄金在今后10年里表现最佳，穿越回去的你会购买尽可能多的黄金——其他什么都不会买。如果谷歌公司的股票涨势超过其他所有资产的涨势，除非你是傻瓜才会买别的股票，更不要说投资一种将资金分散在不同股票上的基金了。

换句话说，**分散投资永远是在承认无知和不确定性**。我们不知道未来会怎样发展，因此我们将资金分散在不同的投资产品上以便将判断错误的风险降至最低。

不管你有没有意识到，做投资相当于预测未来。你投资 A 股票而不是 B 股票的原因是你预计 A 股票的涨势会超过 B 股票的涨势。只有未来才能够证明你的预测是对还是错。

我在十几年前投资过柏林住宅市场，因为我当时确信柏林住宅市场的表现会胜过其他市场的表现。如果我当时对未来哪里的住宅市场会有最佳表现不确定，我可能会采取两面下注的做法，投资一种购买全世界数百种房地产金融产品的开放式房地产基金。那样的话，我最多会获得百分之几的回报，而通过在柏林的投资，我得到了两位数的高回报。

**通过不把所有鸡蛋放在一个篮子里，你也许能够让自己避免最糟糕的投资——但是你也剥夺了自己做出最成功投资决策的机会。**一方面，"有效市场假说"（"Efficient-Market Hypothesis"）的支持者认为，投资于表现良好的股票是不可能获得超额回报的，因为股价总是包含并反映了所有相关信息。不过，这只适用于**极为透明且高效的市场**——而 20 世纪 90 年代末到 21 世纪初的柏林住宅市场当然并非如此。另一方面，**任何可用的信息都是可以解释的。一条孤立的信息价值甚微——重要的是你如何进行信息处理：**你如何将它与其他可用的信息相结合，以及你从所有那些可用的信息中得出什么结论。**拥有比竞争对手更多的信息并不一定会让你成为更好的投资者——能够从现有可用的信息中得出正确的结论才是关键。**

贝恩德·尼凯（Bernd Niquet）对于股市运作方式的看法非常值得一读，他的观点很精辟："对于股市的全面分析表明，在任何时候，我们都有数量足够多的正面与负面信息，既可以用极具说服力的理由来支持股市会不可避免地走向繁荣，又可以用同样极具说服力的理由支持股市会不可避免地出现下跌。换句话说，**同样的数据既可以用来预测明天阳光普照，也可以用来预测明天会下瓢泼大雨**。最终，所有这些意味着我们需要极其慎重地对待一切股市'智慧'。"①

给你举一个例子：政府新公布的数据显示失业率出人意料地上升。一些投资者认为这是个坏消息，因为他们预测经济会下滑，从而导致企业利润下降。而另一些投资者则认为这是个好消息，因为他们预测央行会降低利率，反过来会导致股价上涨。

如果将所有可以获得的信息归纳在一起，人们只会得出一种可能的结果，那么任何拥有这些信息的理智的人都必然会得出同样的结论。然而，情况显然并非如此：**大多数市场交易之所以能够发生，就是因为拥有同样信息的两个持股人从可以获得的信息中得出了不同的结论**。购买一只股票或一处房产的人预计它未来会有上佳表现，而将股票或房产卖出的人则做出了相反的预测。当然最终他们当中只有一方对信息的解读是正确的。

这对你来说意味着什么？要降低或避免分散投资的必要性，你就要**挑选自己足够了解并能够预测未来走势的低效用市场**。正如沃伦·巴菲特不断强调的："分散投资是对无知的一种防范，对于那些明白自己在做什么的人来说，这没多大意义。"②

---

① Niquet, Bernd, *Keine Angst vorm nächsten Crash. Warum Aktien als Langfristanlage unschlagbar sind*, Frankfurt / New York, 1999, 124.

② Buffett, Mary, David Clark, *The Tao of Warren Buffett: Warren Buffett's Words of Wisdom: Quotations and Interpretations to Help Guide You to Billionaire Wealth and Enlightened Business Management*, New York, 2006, 80.

更准确地说：如果你对自己挑选最佳股票或房产的能力没有足够信心，投资多种股票或房地产投资基金是明智之举。毕竟，意识到自己的无知不是愚蠢的表现而是聪明的表现——知道自己一无所知的人要比对有些东西明明一无所知却要假装知道的人强得多。

本书第十二章讲述了投资股票的"不可知"态度。我非常清楚大多数私人投资者不可能持续跑赢股市，因此我的建议是**通过投资全球股指来选择多样化的国际投资组合**。当然，按照这一建议去做，你的收益可能赶不上沃伦·巴菲特的。不过，别对我说承认自己不是像巴菲特一般精明的投资者会伤了你的自尊心！

在做任何投资之前，你应该诚实并带着自我批判地回答下列问题：第一，相关市场的透明度如何？比如，蓝筹股股市要比大多数房地产市场更为透明。通常，你在透明度较低的市场更有可能获得丰厚的回报——只要你对第二个问题给出的答案是毫无保留的"是的"。第二，你对相关市场了解得深入吗？就算是在透明的市场，如果你更擅长分析可以获得的信息并让眼光超越此时此刻来预测某只股票的未来表现，你就能比其他投资者赚更多的钱。

我通过一个例子来说明第二点：我认识德美合资的詹姆斯敦公司（Jamestown）的创始人兼所有者克里斯托夫·卡尔（Christoph Kahl）已经 20 年了。在他的整个职业生涯中，他一直只关注美国房地产市场。

詹姆斯敦公司共推出了 26 只封闭式基金，比如，1984～2005 年投资于洛克菲勒中心（Rockefeller Center）、通用汽车大厦（General Motors Building）和纽约时代广场一号（One

Times Square）。这 26 只基金在截至 2011 年的几年内出售了所有房地产资产，给投资者带来了 19% 的平均年回报率。机构投资方基金于 2011 年成立，此后每年的回报率为 10.8%。根据"有效资本市场"理论，这种情况应该只有在纯粹偶然的情况下才可能出现。毕竟，美国房地产市场是极其透明的。

那么，卡尔取得巨大成功的原因是什么？他仅仅是"幸运"地将钱投在了正确的房地产项目吗？鉴于这些年他买了数百套房产，这种可能性极小——谁也不会总是这么"幸运"。他是"幸运"地在正确的市场周期做的投资吗？鉴于美国市场在过去的 30 年里经历了许多截然不同的周期，这种可能性同样极小。

卡尔取得成功的真正原因是：首先，他总是善于发现原业主没有看到未来升值潜力的房产。他会购买"未完工的"、不够完美的房产，并在它们因他主动采取的增值举措而升值后将其卖出。卡尔还有一个其他许多成功的投资者具备的特点：他从来不会受流行趋势或情绪的影响，而总是采取逆周期的行动（要了解更多关于这一主题的信息，请见第十一章）。在市场繁荣的顶峰，就在金融危机冲击美国市场之前，他以很高的价格卖掉了几乎所有房地产投资组合。

## 关于分散投资和波动性的迷思

还记得我在本章的开头提到的两种说法吗？第二种甚至比第一种还靠不住——我甚至要说它所造成的损失远比带来的收益大。

哈里·M.马科维茨和他的学生威廉·夏普（William Sharpe）推出的投资组合理论将风险定义为用收益率方差来衡量的波动性。方差越大，或者用数学用语来说，标准差越高，风险越高。

在带着审慎的眼光看待这一风险评估理论之前，我来说说另一种常见的错误：许多投资者认为某一种资产类别的投资波动性较低，只是因为不存在定期的估值。你或许因为房价没有被印在每天的报纸上，就认为房地产投资是"安全的"。如果你10年前买下自己的房子，你不会知道它日前价值几何——只有当你想将其出售时，才会了解这一点。从你买下它到将它出售的这段时间里，你可能有一种虚假的安全感，以为你的房子升值了，哪怕实际上是贬值了。

房地产价格的确会波动，往往业主没有注意到这一点。2004年，我在柏林买了一栋别墅。我只花了前任房主10年前买这所房子所用的一半资金。当然，他很难相信他的房产贬值了这么多。在两年的时间里，他一直徒劳地想以自认为公平的价格将这所房子售出，但这显然是不切实际的。因此，他没有找到愿意出这个价钱的买家。最后，他不得不承认自己的期望值过高，然后以比他当初支付的房价低一半的价格把房子卖给了我。

我最近考虑过出售这栋别墅，并决定让一个房地产经纪人估价。根据经纪人的估价，它现在的价值是我买它时的2倍。最后，我还是决定继续持有这处房产，因此我不知道他的估价是否现实，也不知道我是能以更高的价格出售它还是以更低的价格出售它。这个例子表明，房地产价格会有巨大的波动——

不过，通常这种波动是无从察觉的。

研究表明，促使个人和机构投资房地产的原因是：大多数人看中房地产的高度"稳定性"。然而，在很大程度上，"稳定性"的印象源于我们缺乏关于房产当前价值的可用信息。房地产市场的波动不像诸如债券、股票或大宗商品之类的其他市场的那么明显，因为重新评估房地产价值的情况不太常见，这造成了房价不怎么波动的想法。

经济学家迈克尔·开普勒（Michael Keppler）用下面这个例子来证明把波动性视为风险敞口衡量标准的观点是错误的：我们假设某只股票的价格一个月上涨 10%，下个月上涨 5%，再下个月上涨 15%。依据月收益率标准差，投资这只股票会比投资每月下跌 15% 的股票风险更大。事实上，持有这只据称"风险更大的"股票的人会获得 32.8% 的收益，而购买另一只股票则会遭受 38.6% 的损失。

开普勒得出的结论是，将风险定义为波动性的普遍做法完全违背了常识。**标准差和 $\beta$ 系数与投资者所考虑的他们面临的实际风险不相干，投资者想的是：遭受损失的可能性。**用波动性来衡量风险的唯一好处是，波动性本身很容易被衡量。这可能就是许多投资者坚持使用被巴菲特和他的合作伙伴查理·芒格（Charlie Munger）视为荒谬的风险定义的原因。相反，巴菲特等人衡量风险的方法是看投资者是否出现亏损。他们还提醒投资者风险**"与你持有一种资产的时间范围有着密不可分的关系"**[1]。考虑长远

① Schroeder, Alice, *The Snowball: Warren Buffett and the Business of Life*, London, 2008, 531.

并长期持有资产的投资者不需要过于担心资产的波动性。

资产的波动性非但不是不利条件，甚至还可能被视为一大优势：如果股价没有像通常的那样时不时地大幅波动，投资者就不能以很低的价格（低于其公允价值）买入并且以很高的价格（高于其公允价值）卖出。而且你持有一种资产的时间越长，你就越不必担心价格的波动。

将波动性与风险等同起来的错误，再加上断定不会对当前市场价格进行定期评估而进行投资（如房地产投资）的第二个错误，导致出现了许多愚蠢的投资策略。这些策略增加而不是减少了投资者的风险。比如，德国投资者往往更喜欢将钱放入储蓄账户而不是用来购买股票，因为后者容易出现波动。这种做法会在不久的将来引发非常严重的问题：个人依据"现收现付"原则运作的法定养老金制度很快就将无法承受劳动力不断减少且日益老龄化的社会所带来的压力。因此，个人迫切需要找到其他方式来为自己未来的财务状况提供保障。**通过系统性地避开股票，转而选择利率低得几乎跟不上通胀的"投资"，投资者会大大增加德国出现晚年贫困的概率。**

如果你想实现财富保值与增值，就不要不加质疑地接受你的财务顾问告诉你的一切。顾问们喜欢向客户展示看似科学的图表，很大程度上是基于这样的假设：风险等同于波动性，分散投资始终是最佳解决方案。正如我们所看到的，真实的情况是，分散投资在任何时候都只是次佳解决方案，不过对于聪明地意识到自己无法跑赢市场的投资者而言，它有时或许是一种虽然不好但也无法避免的事情。

　　在读了这一章后，你现在知道了**波动性既不是衡量风险的可靠指标，也不是挑选股票进行投资的不利条件**。你也知道了如何分辨在什么情况下分散投资是个好主意，在什么情况下不是。我们现在来关注许多没有防备的投资者所陷入的另一个常见陷阱："本土偏好"投资陷阱。

# 第十章　不要陷入"本土偏好"投资陷阱

全球化和互联网的兴起给投资者创造了前所未有的机会。中国投资者在考虑是否投资买来出租的公寓房时不再只限于在中国境内寻找合适的公寓。相反，他们能够通过互联网研究柏林或纽约的住房市场。他们可能会发现海外的一些投资也很有发展前景，在这种情况下，他们可能会考虑投资海外市场。

我曾在一家向投资者销售柏林公寓房的企业工作过。在每年大约 1000 名买家当中，有 1/3 是国外人士。他们来自 40 个不同国家，其中包括意大利和俄罗斯、法国和西班牙，还有越来越多的买家来自中国。没有互联网的话这家企业就不可能有这些客户。

不过，大多数私人和机构投资方并没有充分利用这些前所未有的机遇。甚至在全球化时代，他们依然更喜欢在自己的国家进行投资。这种偏好被称为"本土偏好"，它在股市上的表现尤其得到了学界的广泛研究。

20 世纪 90 年代初的研究表明，93.8% 的美国投资者、98.1% 的日本投资者和 82% 的英国投资者持有的绝大多数股票是本国公司的股票。[1] 虽然现在这一比例略低，但是投资者依旧对本国发行的股票表现出明显的偏爱，这种偏爱是难以用理性来解释的。2001 年的一项研究发现，澳大利亚、加拿大、法国、德国、意大利、日本、荷兰、西班牙、瑞典、英国和美国在各自国内市场投资的比例不尽相同，从 75% 到 90% 以上。[2] 2005 年的一项研究对比了德国、美国、日本、英国、加拿大、法国、意大利、西班牙、澳大利亚和瑞士的投资行为，得出了非常接近的结论。[3]

在 2005 年的另一项研究中，研究人员关注了美国、日本和欧洲的银行发布的股市投资建议。他们发现，所有这些银行都强烈推荐本国市场所发行的股票。[4]

"本土偏好"在机构投资方进行房地产投资时也发挥着重要作用。比如，菲力评级机构（Feri EuroRating）2014 年的一项研究表明，德国机构投资方持有的 63.3% 的房产位于德国境内，相比之下，只有 1.4% 的房产位于亚太地区的成长性市场，

---

[1] Huchzermeier, Dennis, *Home Bias bei privaten und institutionellen Investoren. Eine empirische Studie*, Hamburg, 2007, 5.

[2] Dürr, Stephan, *Ursachen und Auswirkungen des Home Bias bei der Portfolioentscheidung*, Norderstedt, 2007, 12.

[3] Grimnitz, Stefanie, *Der "Home Bias" Internationaler Investoren. Eine Untersuchung von Aktienportfolios*, Hamburg, 2012, 13.

[4] Huchzermeier, Dennis, *Home Bias bei privaten und institutionellen Investoren. Eine empirische Studie*, Hamburg, 2007, 8.

而亚太区的人口聚集趋势和经济增长都远比德国的更有前景。[1] 由于有了专门的房地产基金和房地产投资信托（REIT），投资亚太市场变得比以往任何时候都更加简单。其他国家的机构投资方在投资本国房地产市场方面也有同样的偏好——不管这个市场规模有多大或者多小、有吸引力还是没有吸引力。

## 体育和投资有什么相同之处

像奥运会或国际足联世界杯这样的大型国际体育赛事将各国公民团结起来，他们倾向于认定，本国的队伍是全世界最棒的。在投资方面，情况与之类似。研究人员甚至发现，美国的基金经理在十选一的证券操作中，会倾向于选择位于他们自己所在城市的公司。[2] 这些研究结果表明，基金经理对于本地市场所发行的股票的偏爱不仅仅是由于要避免语言障碍或担心与外国市场相关的货币和政治风险。虽然在挑选美国市场上所发行的不同股票时，这些因素全都不起作用，基金经理依然倾向于选择位于他们自己所在城市的公司。

我把投资与体育赛事相提并论并不像听起来那么牵强。在这两种情况下，民族自豪感都会强烈地影响关于本国团队比其他国家团队更胜一筹的信念。研究人员已经证明，当爱国主义

---

[1] Feri, *27th Feri Herbsttagung: Globaler Aufschwung: Wie stabil sind die Säulen der Weltwirtschaft?* Frankfurt, 2014, 127.

[2] Huchzermeier, Dennis, *Home Bias bei privaten und institutionellen Investoren. Eine empirische Studie*, Hamburg, 2007, 9.

情绪高涨时，海外投资会出现下降。如果美国爱国主义情绪减少10%，海外投资将从2600亿美元增加到4400亿美元。美国政府在"9·11"事件后将一些储蓄债券改头换面为"爱国者债券"后，这些债券的销量比上一年增加了43%。[1]

对私人和机构投资方所做的多项调查表明，投资人员对各自国内市场的未来走向持相对更乐观的态度。一项研究表明，日本、美国和一些欧洲国家的投资者预计本国股市会比其他国家的股市有更好的表现。[2]

在另外一项研究中，研究人员对一所德国大学和一所美国大学学习投资课程的毕业生进行了调查。德国受访者对于德国股票的评价要比对美国股票的评价乐观得多，而美国受访者的想法则正好相反。[3]

这种被称为"本土偏好"的行为会让投资者错失潜在的收益并增加他们所面临的风险。根据一项研究结果，针对不同的市场，这种损失会高达1.48%到9.79%。[4] 另一项研究记录的平均损失为1%，[5] 还有一项研究所公布的平均损失在

---

[1] Huchzermeier, Dennis, *Home Bias bei privaten und institutionellen Investoren. Eine empirische Studie*, Hamburg, 2007, 13.

[2] Huchzermeier, Dennis, *Home Bias bei privaten und institutionellen Investoren. Eine empirische Studie*, Hamburg, 2007, 13.

[3] Grimnitz, Stefanie, *Der "Home Bias" Internationaler Investoren. Eine Untersuchung von Aktienportfolios*, Hamburg, 2012, 13.

[4] Grimnitz, Stefanie, *Der "Home Bias" Internationaler Investoren. Eine Untersuchung von Aktienportfolios*, Hamburg, 2012, 16.

[5] Grimnitz, Stefanie, *Der "Home Bias" Internationaler Investoren. Eine Untersuchung von Aktienportfolios*, Hamburg, 2012, 28-29.

0.82%到0.95%。① 虽然这看起来不太夸张，但即便是很小的损失，在10年甚至更长的时间里，也会产生巨大的影响。

研究人员不知道如何合理地解释这一现象。是什么导致了投资者的这种行为？一种解释是，有些国家对海外投资设定了限制。举一个极端的例子，美国保险公司持有的外国证券不得超过其资金比例的3%。② 在德国，开放式房地产投资基金持有的外国资产的比例也有限制，除非政府对它们采取了对冲外汇风险的举措。

不过，这些限制不能完全解释"本土偏好"会对投资选择有如此大的影响。一方面，有着如此严格限制性规定的国家寥寥无几；另一方面，就算真的有这样的限制，也很少出现接近于上限的情况。这些限制性规定的初衷是保护投资者（比如购买美国保险公司保单的人），它们只是体现了一种错误认识，即海外投资就其本身而言比投资国内市场的风险更高。

另外一个对"本土偏好"现象做出的明显解释是，投资者更容易评估本国而不是其他市场投资机遇的价值。不过，这一解释也没有说服力。当投资者挑选个股来投资时，这或许有一定道理。不过，这无法解释因奉行分散投资策略而投资于特定股市而非个股的投资者为何也会受到本土偏好的影响。同时也要注意，无论你身在何处，甚至只要点击一个按钮，互联网就可以提供大量关于公司和股票的信息。

---

① Dürr, Stephan, *Ursachen und Auswirkungen des Home Bias bei der Portfolioentscheidung*, Norderstedt, 2007, 37–38.

② Grimnitz, Stefanie, *Der "Home Bias" Internationaler Investoren. Eine Untersuchung von Aktienportfolios*, Hamburg, 2012, 20.

如果相关市场规模足够大，关注本国市场对真正有知识和能力识别最有潜力个股的投资者来说可能是个好主意。西班牙投资者将95%以上的股本投资于本国市场的做法实在荒唐，[1]更别说墨西哥投资者令人难以置信地将全部股本投入他们自己的市场了。[2] 不过，美国市场的情形不同。全世界最成功的股市投资者沃伦·巴菲特在很长一段时间里只投资美国股票，他认为在自己的国家有这么多有利可图的投资机会，他没有必要去其他地方寻找投资机会。不过，巴菲特是一位罕见的投资者，他总是能通过明智的投资跑赢市场，取得可观收益。大多数投资者，无论是个人还是机构，缺乏他这种杰出的才能，因此最好还是投资反映市场整体行情的基金，而不是个股（更多信息请见第十二章）。

话虽如此，在有些情况下，投资者将投资集中在国内市场确实会受益。对于相对不透明的市场以及/或者有能力更好地驾驭本国市场而不是其他市场并有充分理由相信本国市场会比其他市场表现得更好的投资者来说，情况可能就是这样。

如果你对自己了解某个特定市场的能力充满信心，你可以挑选特定的投资机会——无论是房地产还是股票——直接投资这个市场。在这种情况下，地理位置上靠近一个相对不透明的市场或许是个优势。否则的话，你就要做间接投资，通常是通过基金。要获取更多关于股票和股票型基金的信息，请见第十

---

[1]　Dürr, Stephan, *Ursachen und Auswirkungen des Home Bias bei der Portfolioentscheidung*, Norderstedt, 2007, 37–38.

[2]　Grimnitz, Stefanie, *Der "Home Bias" Internationaler Investoren. Eine Untersuchung von Aktienportfolios*, Hamburg, 2012, 13.

二章；更多关于房地产投资的信息，请见第十三章。

　　如果你认定投资基金的间接投资方式是你获得财富的最佳选择，那么你就要有全球视野。爱国主义或许是一种美好的情感，但在投资策略中没有它的位置。如果意大利、加拿大、澳大利亚、德国和墨西哥的投资者都相信本国市场的股票或房地产会比其他地方的股票或房地产表现得更为出色，那么他们不可能同时都正确。他们被一种直觉所误导，那就是国外市场的风险比本国市场的风险更大，越熟悉情况，其资本就越安全。

　　"本土偏好"现象表明，我们的情感和偏见经常会妨碍我们制定正确而明智的投资策略。世界各地的许多投资新手会自然而然地选择本国市场发行的股票，或者买入投资本国市场的基金，甚至不会考虑去其他地方寻找机遇。

　　直觉在生活中的许多方面发挥着可靠而重要的引导作用——不过资本投资不是其中的一个方面。正如我对"本土偏好"的论述所表明的，**明智的投资者需要能够抵御并质疑自己条件反射式的反应。不要盲目地跟随直觉，而应问问自己是否有充分的理由**，像大多数私人和机构投资方一样投资本国市场。大多数人会在事后找理由为自己的非理性行为所促成的决定辩解。明智的投资者要能够客观地反思自己的决策过程，并防止受到偏见和情感的误导。

　　最重要的是，为了取得长远的成功，明智的投资者需要让自己免受同辈压力的困扰并抵制投资潮流。

# 第十一章 "后视镜投资"和从众心理

为了你好，我希望你是在股市和房地产市场刚刚大幅下跌后才读到本书的。对于着眼长远的投资者来说，这是开始投资的理想时机。不过，许多人缺乏这样做的胆量。另外，如果你是在股价和房价正在上涨的时候读到本书，本章会提醒你注意在市场达到顶峰时进行投资的风险。

在撰写本书期间，股票、债券和房地产等资产的价格几乎都在持续不断地上涨。这时，投资者往往过于自信并乐观地认为它们还会继续增长。关注近年来市场的发展趋势，可以让我们充分了解在上涨的股价和房价中潜伏的危险。

我用两个例子来说明金融市场存在的某些规律：20 世纪90 年代末（特别是在德国和美国）的股市走势和 21 世纪初美国房地产市场的走势。这两个例子对未来的投资者具有重大的警示作用。

# "教师不解：我为什么要继续工作？"

1996 年是德国股市表现出色的一年。德国股票价格指数（德国 DAX 指数）涨幅超过 27%，达到 2889 点。媒体纷纷刊登关于德国股市的热情洋溢的报道。德国消费者对股票型基金越来越感兴趣。德国对股票型基金的投资从 1996 年的 13 亿欧元增至 1997 年的 150 亿欧元。[①]

股市的这种上升势头似乎将在可预见的未来继续下去。事实证明 1998 年又是一个好年景，德国 DAX 指数再度上涨 18.5%，突破 5000 点大关。媒体高度评价这一事件"在心理上的重要性"，而每当股市突破任何一个"千点大关"时，它们都习惯于这样做。

过去一直回避股票的德国人开始购买股票，就好像机不可失一般。一名观察人士在《股市发烧》（*Börsenfieber*）一书中写道："投资股票被吹捧为创造财富的终极手段，购买股票被宣传为一种公民义务。"虽然作者所说的"只要包装盒上写着'股票'二字，就有人买"或许有点言过其实，但这的确反映了当时人们的心态。[②]

德国人发现了自己对于炒股的热爱，1999 年，他们向股票型基金投入了 353 亿欧元。短期来看，他们获得了丰厚的回

---

[①] 这些数字以及下文提到的流入股票型基金的资金数据由德国投资基金协会（BVI）提供。

[②] Staute, Jörg, *Börsenfieber*, Frankfurt / New York, 1998, 31, 42.

报——截至 1999 年底，股价上涨了 39%。这是全球大趋势的一部分，世界各地的金融市场都呈现繁荣的景象。

在金融市场繁荣时期，媒体往往制造不切实际的预期。1999 年 9 月，由詹姆斯·K. 格拉斯曼（James K. Glassman）和凯文·A. 哈西特（Kevin A. Hassett）共同撰写的一本书《道指 36000 点：从股市即将到来的上涨中获利的新策略》（*Dow 36000：The New Strategy for Profiting from the Coming Rise in the Stock Market*）出版。作者预计道琼斯指数会在之后的 5 年里升至 36000 点。这本书在美国成了畅销书，几个月后，有了德语版本。当时，道琼斯指数在 11000 点上下徘徊——不过，它不仅没有像作者预计的那样升至 36000 点，反而在 2003 年大幅下跌到 7524 点的低谷。

2000 年初，德国人的乐观情绪达到了顶峰。德国 DAX 指数不断以越来越快的速度上涨，从 1999 年底的 6858 点上升到 2000 年 3 月的 8070 点。2000 年的头 3 个月，德国媒体未发出任何警示风险的"信号"——所有人都宣称股票投资是全世界前所未见的快速致富的最佳机遇。

2000 年 2 月 22 日，在股市泡沫即将破裂之前，德国发行量最大的全国性报纸《图片报》的头版重要新闻是"嗜钱成癖！教师不解：我为什么要继续工作？每个人都在谈论要购买的最热门股票。家庭主妇拿出零用钱在股市上赌一把。互联网带来 3 倍的利润。我也能变富吗？"① 我还记得我的发型师曾

---

① "Geld-Rausch! Ein Lehrer fragt：Warum soll ich noch arbeiten？" in *Bild-Zeitung*, February 22, 2000.

与我分享投资方面的建议。我女朋友的父母过去从未表现出对股市哪怕有一丁点儿的兴趣，那段时间却一动不动地坐在电视机前听取最炙手可热的"专家"的建议，然后第二天急忙去购买专家推荐的股票。这些其实都是股市泡沫将要破裂的明确迹象。

这一天果然到来了。2000 年，在经历多年的"牛市"行情后，德国 DAX 指数下跌 7.5%，跌至 6376 点。虽然德国 DAX 指数最初的跌幅并不像原本可能出现的那么大，但股市在 3 月份达到 8000 点时入市的投资者还是蒙受了重大损失。

与其他狂热行为的影响一样，股市狂买风潮的影响需要过一段时间才会慢慢消失。由于投资者多年来读到和听到的媒体报道都称赞股票是最保险的投资方式，因此他们产生了错误的安全感，再加上对"专家"信誓旦旦给出的当前股票下跌只是暂时性挫折的说法信以为真，许多投资者趁着股价还在下跌之际买了更多股票。银行建立了销售股票型基金这种非常赚钱的机制，谁都不想停止这样的做法。单在 2000 年，德国人就向股票型基金投入了将近 740 亿欧元。虽然德国 DAX 指数在 2001 年出现了更严重的下跌，下跌了将近 20%，但是银行仍在不断销售它们的股票型基金，而德国消费者也在不断买入这样的基金——达 130 亿欧元之多。

2002 年，德国股市每况愈下，德国 DAX 指数下跌了近 44%，先是跌至 2839 点，接着又跌至 2593 点。2000 年 3 月进入股市的投资者已经损失了超过 2/3 的本金。决定及时止损的投资者最初每投入 1 万欧元，就只能赚 3200 欧元。

这时，德国人失去了对于股票型基金的兴趣。许多投资者将持有的基金抛售一空，有兴趣买入的人寥寥无几。德国股票型基金净投资在 2002 年跌至 29 亿欧元——只相当于投资者两年前投资额的 4%。不过，真的在 2002 年买入股票型基金的为数不多的投资者因他们的胆识而获得了回报。2003 年，也就是仅仅一年后，德国 DAX 指数上涨幅度超过 27%，而且在 2004 年、2005 年、2006 年和 2007 年一路上涨。在 2002 年德国 DAX 指数跌至 2593 点的低谷时入市的投资者到 2008 年德国 DAX 指数升至 8046 点的高位时，资金额已经达到最初的 3 倍。决定这时将利润套现的投资者最初每投资 1 万欧元，就能赚取 3.1 万欧元。

有些人入市太晚，在 2000 年二三月才开始投资，被虚高的股市套牢，不过他们在股价下跌的年份依然持有手中的股票，这部分人在 2008 年时至少能够收回最初的投资。

接着就是全球金融危机袭来，2008 年德国 DAX 指数下跌超过 40%！投资者很久以前就已经失去了对股票型基金的信心。2006 年，有 78 亿欧元的资金流出，到了 2007 年这一数字几乎翻了一番，2008 年又有超过 10 亿欧元的资金流出。

持有股票型基金的德国人曾达到过将近 1000 万人的空前高点（占人口比例超过 15%），到 2010 年时稳步减少至大约 600 万人。[①] 这一趋势在 2012 年和 2013 年仍在继续——虽然德国 DAX 指数在这两年里分别上涨了 29% 和 25.5%，但是德国投资者从股票型基金中撤走了总计 112 亿欧元的资金。

人们从股市的涨跌和投资股票型基金的资金进出当中可以

---

① 数据由德国股票研究所（DA）提供。

吸取怎样的教训？**大多数投资者在跟风**。正如我在前面所提到的，德国投资者在 1999 年/2000 年股市的乐观氛围达到顶峰时，向股票型基金投入了将近 1100 亿欧元——此时恰恰是进入股市最糟糕的时候。理想的时机应该是在 2002 年底，当时德国 DAX 指数刚刚下跌了近 44%——不过，此时流入德国股市的资金已经降至 29 亿欧元。

为何大多数投资者会有如此不理智的行为？我将其归结为"借助后视镜来投资"的心态。大多数投资者通过某只特定股票在近几个月或几年的表现来评估其未来的潜力。一只股票让其他投资者赚得越多，他们自己的信心就越大。就连原本不情愿的投资者也被新闻每天报道股市带来巨大机遇而制造的兴奋情绪所感染。

媒体在制造并保持这些趋势方面发挥了重要作用。在股市繁荣的最高峰，专家们的预言比比皆是，他们预测股价将持续上涨。突然间，每个人都听说有人通过投资股票型基金发了财。如果一位丈夫此时还对这种新的狂热潮流敬而远之的话，妻子会告诉他，一位邻居在股市上赚了很多钱。财务顾问会敦促客户不要错过已被证明是近三年、五年、十年甚至二十年来最好的投资机会。在股市繁荣的高峰期，有大量证据支持这样的说法。最终，就连最不情愿的人也无法再抵制参与这个绝佳投资的诱惑。

同辈压力对于解释这里所发挥作用的心理因素很有帮助。心理学家做过"从众实验"，他们向参与者展示一张卡片，上面有一条线，然后再向他们展示上面有三条线的卡片，其中一条与第一张卡片上的长度相同，而另外两条显然要长一些或者短一些。然后，每个参与者要大声回答哪条线与第一张卡片上的线长度相等。如果大多数人（"同谋"，也就是作为真实参与者引荐给大家的演员）给出的答案不正确，那么真实参与者也会给出同样错误的答案。

　　心理学家提出的学习理论也有助于解释上面所描述的客观的非理性行为：与投资者日常零星的购买行为不同的是，他们更喜欢购买价钱高的股票。我们假设某只特定股票的价格从2美元升到10美元，然后跌至3美元，最后涨到15美元。没有几个投资者想要在它的价格跌到2美元时买入。不过，一旦某只股票的股价涨到4美元——上涨100%！——投资者就会开始购买这只股票。他们看到买入这只股票能够获得很大利润，于是希望从中分得一杯羹。

　　媒体的报道是正面的，分析人士给出的专业意见是敦促投资者买入这只股票并报出吸引人的目标价格，这强化了投资者的买入行为，这样的做法也确实在短期内使人们获得了回报。投资者看着他们的股票价格升到5美元，然后6美元，然后7美元……股价的每一次上涨都让他们感到自己的判断是正确的。妻子们祝贺丈夫制定了聪明的投资策略，财务顾问得知客户满意后，也感到安全。

　　不过，在某个时候，股票价格开始下跌，从10美元跌到9美元。让大多数投资者感到安慰的是，他们仍然有可观的利润（从票面价值来看），并且寄希望于下跌是暂时的。许多人甚至会利用这一机会买入更多股票。当股价继续下跌至8美元，然后跌至7美元时，大多数投资者不是止损变现，而是继

续持有他们的股票。这时"希望的原理"① （hope principle）
发挥了作用。不过，当股价继续下跌至 5 美元或 4 美元时，大
多数投资者会丧失希望。媒体关于他们所持有的这只股票的报
道可能全都变成负面的。就连一向非常乐观的分析人士也建议
卖出股票。许多投资者这时会听从他们的建议。短期来看，随
着价格继续下跌到 3 美元，他们感到自己的判断是正确的。

逆潮流而动的投资者会采取反周期的做法，在股价从 5 美
元跌到 4 美元时买入股票，短期内会有账面损失，长期来看他
们却有回报。他们最初在股价继续下行到 3 美元时，会损失一
些钱（从票面价值来看）。当关于这只股票的所有新闻报道可
能都是负面的时候，人们需要很大的信心才不至于惊慌失措。
人们有时甚至会怀疑自己就像一位荒野中孤独的预言家，抑或
像在高速公路上朝着错误方向高速行驶的司机，不明白为何其
他人朝另一个方向前进。

不过，在这种情形下，随着股价再度开始上涨，并最终达
到 15 美元，反周期行为会得到回报。即使你在股价涨到 8 美
元时将其卖出，你的初始投资也会翻倍，只不过错过了获得更
大利润的机会。

**大多数人不善于做长远考虑**——如果善于这么做的话，抽
烟的人和肥胖的人就不会在人口中占如此大的比例。**对短期回
报的渴望大于对长远损失的担心**，这也适用于一般的资本投

---

① 出自德国著名哲学家恩斯特·布洛赫的《希望的原理》
（1959）。中译本见〔德〕恩斯特·布洛赫《希望的原理》2012
年版（第一卷）和 2020 年版（第二卷），梦海译，上海译文出
版社。——译者注

资,尤其是股市投资。当价格上涨时,我们对于短期回报的渴望得到了满足——而且我们往往会倾向于避免股价下跌所造成的痛苦。因此,**大多数投资者无法逆潮流而动,采取反周期的做法**。这也正是能够在股市上真正赚到钱的投资者少之又少的原因。

不要听信像"顺势而为"或者"水涨船高"这种带有欺骗性的警句。对于只关注短期回报的投资者来说,这些老话可能有些道理——不过考虑长远的投资者最好还是不理会它们。

当然,股市成功的秘诀不是投资者简单地采取与他人相反的做法。如果买入价格大幅下跌的股票能够确保投资者赚钱,那么会有很多人这样做。有些股票的价格只会不断下跌,没有翻盘的可能——这意味着仅仅因为一只股票的价格在下跌就将其买入的做法并不比仅仅因为股价上涨而买入的做法高明。一只价值已经缩水 50% 的股票很有可能继续损失剩下的价值。

20 世纪最成功的股票型基金(富达麦哲伦基金)经理之一彼得·林奇(Peter Lynch)说:"从历史上看,买入股票时而被奉为投资,时而被斥为赌博,总是这样循环往复,而且通常是在错误的时候被视为赌博。**股票在最不稳健时最有可能被认为是稳健的。**"①

美国经济学家罗伯特·J. 希勒(Robert J. Shiller)进行的一项有趣的研究证明了"后视镜投资"的荒谬。他的著作

---

① Lynch, Peter, *One Up on Wall Street: How to Use What You Already Know to Make Money in the Market*, New York, 1989, 73.

《非理性繁荣》① （*Irrational Exuberance*） 总结了他在研究了世界各地规模最大的股市指数在 1 年和 5 年中的变动情况后得出的结果。

5 年里股价涨幅最大的国家中，有 2/3 的国家在随后的 5 年中股价下跌；而在 5 年里股价跌幅最大的国家中，有高达 94%的国家在随后的 5 年里经历了剔除通胀因素后 122%的涨幅。希勒评论道："我们于是看到了一种虽不是万无一失但实实在在的趋势，那就是主要股价走势会在下一个 5 年里出现逆转，不管是上行的动向还是下行的动向。"② 换句话说，**仅仅因为某只股票在过去几年里表现良好而将其买入的做法是极其危险的。**

不过，对其他任何资产而言也是如此。即使某项投资几十年来一直表现良好，我们也不能保证它的价值会继续保持上涨势头。事实上，如果价格在没有明显原因的情况下——比如之前下跌幅度过大的股票出现的补偿性上涨——以过快的速度上涨，这很可能是未来出现麻烦的信号。

## 在美国房地产市场上低买高卖

这里以美国房地产市场的崩盘为例。标准普尔/凯斯 - 希勒美国全国房价指数 （S&P/Case-Shiller U. S. National Home

---

① 中译本见〔美〕罗伯特·J. 希勒《非理性繁荣》，李心丹、俞红海译，中国人民大学出版社，2016。——译者注

② Shiller, Robert J., *Irrational Exuberance*, Princeton, 2010, 161.

Price Index）于 1987 年首次发布，计算时间可追溯至 1890 年，是每月生成的独户住房价格综合指数。从 1941 年仅有 5 个点开始，该指数几乎连续不断地上涨，2006 年达到 189 点。不过，从 1999 年到 2006 年，该指数从 92 点涨至 189 点，增幅达 1 倍以上。我们现在知道，这意味着金融市场有史以来最严重的泡沫之一。

是什么造成了在短短 7 年里，该指数出现如此剧烈的上涨？为了应对 2000 年到 2002 年股市泡沫的破裂，时任联邦储备银行管理委员会主席艾伦·格林斯潘（Alan Greenspan）多次下调利率，直到利率降至仅 1% 的水平。纳斯达克指数从 2000 年的历史高点下跌了 74%，同期标准普尔 500 指数下跌了 43%。[①]

与此同时，布什政府放松了监管，让有不良信贷记录的人很容易就能获得住房抵押贷款。这项原本旨在提高"少数族群"住房自有率的计划，再加上贷款利率的下调，产生了灾难性的结果。格林斯潘在其回忆录《动荡年代：在新世界冒险》（*The Age of Turbulence: Adventures in a New World*）中为这些举措辩解称："我知道放宽针对次级借款人的住房抵押贷款信用条件增加了金融风险，而且用补贴方式支持住房自有化行动扭曲了市场结果。但是我那时相信，现在也相信，提高住房自有率所带来的好处值得我冒险。"[②]

---

① Fleckenstein, William A., Frederick Sheehan, *Greenspan's Bubbles: The Age of Ignorance at the Federal Reserve*, New York, 2008, 125.

② Greenspan, Alan, *The Age of Turbulence: Adventures in a New World*, New York, 2007, 233.

随便什么人都开始买房，其中包括立刻将房子"转手"的投资者。当时的情形类似于股市的牛市，股价不断大幅上涨，人们希望将手中的股票以更高的价格售出。从 1997 年到 2002 年，美国的房价上涨了 42%，有些城市的涨幅甚至更大：纽约上涨 67%，泽西城上涨 75%，波士顿上涨 69%，旧金山上涨 88%。[①]

住房抵押贷款的贷方和买方全都为这些看似无穷无尽的赚钱机会而欣喜若狂。一些基本的原则和常识似乎不再适用。研究表明，在将近 60% 的各类无须提供借款人收入水平书面证明的"口头申报收入贷款"中，口头申报收入比借款人实际收入至少高出 50%。[②] 根据瑞士信贷银行所做的分析，美国在 2006 年总计向没有提交收入证明或提交的证明不完整的借款人发放了 2760 亿美元的贷款。"2/28"抵押贷款的形式尤其受欢迎，起初两年的固定利率低（先让你尝到"甜头"），之后 28 年的利率都非常高。

这是另一个证明"后视镜投资"风险的典型案例。发放给有不良信用记录的个人的"次级"抵押贷款被证券化为债务抵押债券（CDO），随后被出售给投资者。由于房地产价格在几十年里保持不断上涨的势头，这些债券出现违约的统计概率极低。然而，一旦房价开始下跌，这些统计和估测就会变得

---

① Fleckenstein, William A., Frederick Sheehan, *Greenspan's Bubbles: The Age of Ignorance at the Federal Reserve*, New York, 2008, 138.

② Sommer, Rainer, *Die Subprime-Krise. Wie einige faule US-Kredite das internationale Finanzsystem erschüttern*, Hannover, 2008, Chapter 1 and 2.

一文不值。

从 2006 年 7 月到 2012 年 2 月，美国 20 个主要大城市地区的标准普尔/凯斯-希勒美国全国房价指数下跌了 35%。受冲击最严重的城市包括坦帕（位于佛罗里达州，房价下跌 48%）、底特律（房价下跌 49%）、迈阿密（房价下跌 51%）和旧金山（房价下跌 46%）。[①]

许多在房地产市场泡沫最严重时买房的美国人失去了房子，因为他们承担的债务超出了房屋的价值。除非他们能够为抵押贷款重新筹措到资金，不然银行就会取消抵押品赎回权，并将房产拍卖。

购买了 CDO 的投资者也损失惨重。但是每次金融泡沫出现时，总有赢家和输家。输家是那些在价格不断上涨时幼稚地被集体癫狂的大潮所裹挟的人。赢家是那些明智地进行反周期买卖的人。

在房地产泡沫破裂之前，约翰·保尔森（John Paulson）一直是一位相对默默无闻的对冲基金经理，他是意识到正在发生的事情并从中获得巨大利润的投资者之一。保尔森通过购买信贷违约掉期（CDS）总共赚到了 200 亿美元——其中包括 40 亿美元的个人收入。CDS 这种信用衍生品合约确保买方不会因标的证券——也就是打包出售的一系列证券化次级抵押贷款——的违约而蒙受损失。

由于大多数市场主体并不认为借款人的抵押贷款会出现违约，因此保险费低得出奇。**购买了 CDO 的投资者靠的是评级**

① Shiller, Robert J., *Irrational Exuberance*, Princeton, 2010.

机构提供的估值以及房贷借款人违约概率的计算。只有一小部分投资者——保尔森就是其中之一——意识到**这些测算所依据的历史数据对于预测未来走向不具有多大意义，甚至完全没有意义**：在过去几十年里，不但房价保持不断上涨势头，次级抵押贷款所占的比例也要低得多。

这些投资者对于所有证券化抵押贷款进行了全面分析，认定这是最糟糕——而不是最佳——的风险点，而当时较为乐观的市场主体对这样的风险点一直视而不见。这些投资者给自己定下的任务是，准确地找出价格投机到了最极端地步并且最轻率地将抵押贷款发放给最没有信誉的借款人的当地住房市场。

他们倒不一定认为借款人在偿还次级抵押贷款时会出现违约问题，并因此引发 CDS。他们真正的预期是，一旦房价开始下跌，并且其他市场主体开始意识到真实的违约风险到底有多大时，信贷违约掉期的保险费（premiums for credit default swaps）会大幅上升。**当然，他们并不确定房价还会涨多长时间。但是当房价真的开始下跌时，他们的赌博就获得了巨大的回报。**像保尔森这样的人之所以赚了这么多钱，是因为他们敢于按照自己的信念行事，而且他们的投资策略是**根据自己的分析而不是根据市场流行趋势**所制定的。

全球股市泡沫和美国房地产市场泡沫的出现及最终破裂，以典型的方式暴露了金融市场上投资者的心理。私人和机构投资方都因为不愿与身边大多数人的看法相左而往往会采取非理性的行为。虽然这种行为不会自动造成市场泡沫，但它的确经常让投资者错失市场机遇，并导致他们以避免想象中的风险的名义去承担不必要的风险。

我在开展"财富精英"项目的研究中，邀请 45 位极其富有的受访者完成了一项大五人格测试，这项测试共有 50 个问题。所有受访者对"我觉得自己是一个喜欢我行我素的人"这样的说法表示赞同。

**勇于质疑多数人的意见**可能是成功投资的先决条件，因为这使得低买高卖成为可能。当然，这并不是取得成功的确切保证，因为投资者总是有未能把握好时机的危险——尤其是在此类投资杠杆率很高的情况下。**逆势投资者在做出判断后的某个时刻也依赖于其他市场参与者。**毕竟，只有投资者当初判断的情况发生时，价格才会上涨，利润才能实现。

但逆势投资者在市场情绪高涨时选择卖出并不存在任何问题，因为当多数人认同他们的观点时，他们往往会感到不安。**他们将多数人的意见视为相反的指标**——无论是在人们普遍恐慌的阶段还是情绪高涨的阶段。

**屈从于朋辈压力、随大流并受群体本能的支配**往往被视为股市小额投资者的典型行为。事实上，这些适用于各种资金规模的投资者，其中包括诸如保险公司、福利基金和养老基金之类的机构投资方。除了对于股市和房地产市场以外，上面提到的这些机制也同样适用于其他市场。

**代表机构投资方行事的决策者并不是受成功愿望指引的企业家**——他们是**雇员，第一要务是要避免失败。**美国心理学家约翰·威廉·阿特金森（John William Atkinson）是人类动机科学研究的先驱，他创造性地提出了"追求成功者"（"success seekers"）和"避免失败者"（"failure avoiders"）这两个词，来描述不同的人格类型。许多机构投资方属于"避免失败者"。

从主观观点来看，他们更看重对失败的避免而不是对成功的渴望，这不是不理智的——恰恰相反：任何失败都可能产生灾难性的个人后果，而成功不大可能使他们获得回报。毕竟，他们拿着工资，做出正确决定是分内之事。

大型机构投资方的决策者经常受内心对话的影响，这样的对话可能是有意识的，也可能是下意识的："如果我和其他所有人对着干会怎么样？如果我的决定错了，他们会让我负责：'是什么让你买了一只在现在的市场上任何思维正常的人都不会碰的股票？'"

另外，决策者如果因采取和竞争对手同样的做法而犯了错，他们不会惹上麻烦。他的老板或他需要汇报的董事会不会指望他比其他人聪明。他知道即便出现了最糟糕的情形，他还有一张可以让自己全身而退的绝佳的"牌"可打："其他人"都是这样做的，"当时"有一种"普遍共识"，认为这是一项明智的投资。

从这里能吸取什么教训？作为一个私人投资者，你拥有一种非常幸运的身份：你不必对任何董事会或委员会负责。你不必向除了你自己以外的任何人证明你的决策是正确的。对你而言，做出理智的决定并相信自己的判断要容易得多。记住投资先驱约翰·邓普顿爵士（Sir John Templeton）曾经说过的话：**"最悲观的时候就是买入的最佳时候，最乐观的时候是卖出的最佳时候。"**[1]

---

[1] Betz, Norbert, Ulrich Kerstein, *Börsenpsychologie. Simplified*, Munich, 2012, 114.

　　当然，并非股价或房地产价格的每一次上涨都预示着泡沫。不过，如果价格在短时间里大幅上涨，而且每一个与你聊天的人似乎都想当然地认为价格还会无限期地上涨，这时你要非常小心。相反，如果你听到的关于某种投资的议论都是负面的，那就要更仔细地观察一下——会不会是市场反应过度，价格已经跌到了比应有水平更低的程度了？

　　记住，也不要过于相信媒体：在人们情绪高涨时，它们往往关注的是"你应该入市的原因"并对一切负面消息视而不见；在市场进入下行区间时，它们往往关注的是"你不该入市的原因"并只报道负面的消息。**在任何时候都要记住，你从媒体那里获悉的情况可能"非黑即白"，这样的话你就有望避免"后视镜"陷阱并在投资上取得成功。**

# 第十二章 买股票：不可知论和尤利西斯策略

金融投资不同于生活中其他方面的一个重要的地方是：知道"不要"做什么和需要避免哪些陷阱关系重大。在前面的两章中，我已经讲了投资者最常犯的一些错误，也就是"本土偏好"和"后视镜"效应。本章还是从投资者犯的一些常见错误开始。你会看到，避免所有这些错误几乎必然会让你采取一种我称之为"不可知"的态度。

潜在的股市投资者有三种不同的选择：直接购买个股、投资主动管理型基金，或者投资复制特定证券交易指数的"被动"型基金。

只有在你认为你比职业基金经理能够更好地预测市场，并且还能跑赢由证券交易指数所代表的整个市场时，购买个股才会是明智的做法。许多研究表明，私人投资者几乎不能做到这一点。①

95%的买卖股票的人是职业交易员，他们靠研究股市来谋生。你每次买入或卖出一只股票，交易另一端的人很可能就是专业人士。不过，大多数私人投资者错误地以为他们能够在博弈中击败专业人士。研究表明，大多数私人投资者过高估计了自己的专业技能。对德国私人投资者的调查表明，他们当中有70%的人认为自己"优于平均水平"，不过他们只获得了大约相当于德国 DAX 指数涨幅 1/4 的回报。② 虽然乐观主义是一种很好的性格特征，但它很容易导致投资者的失败。研究人员调查了投资者在多大程度上高估了自己的能力及其背后的原因。实验表明，人们往往认为靠他们自己的力量可以影响随机事件。在一项研究中，赌博者要赌掷骰子的结果。他们愿意在骰子掷出之前下更大的赌注。可是一旦骰子被掷出，数字尚未公布，人们愿意投注的数额就要低一些。这就是科学家所说的"控制错觉"，这也导致投资者高估自己在股市上发财的机会。③

① Kommer, Gerd, "Herleitung und Umsetzung eines passiven Investmentansatzes für Privatanleger in Deutschland. Langfristig anlegen auf wissenschaftlicher Basis," ( Doctoral dissertation, Erfurt 2011 ) Frankfurt / New York, 2012, 46 et seq.

② Kommer, Gerd, "Herleitung und Umsetzung eines passiven Investmentansatzes für Privatanleger in Deutschland. Langfristig anlegen auf wissenschaftlicher Basis," ( Doctoral dissertation, Erfurt 2011 ) Frankfurt / New York, 2012, 48.

③ Beck, Hanno, *Behavioral Economics*, *Eine Einführung*, Wiesbaden 2014, 61.

私人投资者如何决定何时买入或卖出？许多人只是购买已经有强劲表现的股票。他们关注媒体报道的价格已经上涨20%、30%甚至100%的股票。当然，这是买股票时最短视的理由之一，绝对不是可持续的长期策略。职业做空者或许能够在几秒钟内买入并卖出从而获利，但作为私人投资者，你不会有太多机会对抗他们高度复杂的自动化系统。

许多私人投资者喜欢参考从熟人那里听来或者通过阅读财经杂志得来的"可靠消息"。他们经常援引分析人士的话，这些分析人士通常会推荐购买某些股票。斯蒂芬·T. 麦克莱伦（Stephen T. McClellan）在华尔街当了30年股票分析师，他发表的一篇文章读起来令人清醒。据麦克莱伦说，股票分析师的预测能力被严重高估，他们的预测根本靠不住。股票分析师往往关注短线交易，因为他们的客户大多只对短线交易感兴趣。麦克莱伦提醒说，分析人士往往为交易商而不是投资者的利益服务，他们的研究对交易商的短线操作最有帮助，远不适合试图做长期投资的个人。[1]

如果你坚持购买个股，投资那些甚至没有引起分析人士关注的股票或许是更好的选择。麦克莱伦表示，2006年，50只受分析人士关注最少的标准普尔500指数股票有24.6%的涨幅，相比之下，整个标准普尔指数在同一期间的涨幅只有13.6%。他还说，同年，"经纪人推荐股票"的平均涨幅都不

---

[1] McClellan, Stephen T., *Full of Bull: Do What Wall Street Does, Not What It Says, To Make Money in the Market*, Upper Saddle River, NJ 2007, 56.

及标准普尔 500 指数。

财经杂志上的撰稿人也喜欢标榜所谓的"股市权威人士"，他们成名的原因是此前曾经有过一两次正确的预测，比如预测了股市的暴跌，可是他们众多的错误预测却被有意抛在脑后。一些"权威人士"以立场坚定的悲观主义者或是"崩盘预言家"出名，另一些则将自己定位为始终如一的乐观主义者。在股价下跌的时候，媒体喜欢给"崩盘预言家"提供一个平台，而上涨的股价则意味着媒体报道会充斥着观点更为乐观的分析人士的评论。幼稚的投资者会对这些预言信以为真，加剧了顺周期投资的趋势。

当然，并非所有购买个股的私人投资者都幼稚地听从媒体或熟人的建议。也有一些私人投资者对他们计划购买股票的公司进行详尽的调查。一种普遍的看法是，"蓝筹股"企业是很好的选择。许多投资者喜欢购买有声望的大公司的股票，这些公司拥有取得良好关键绩效指标的可靠记录。

然而，这种做法也不可取。全世界其他投资者和潜在投资者都知道所有这些著名大公司的业绩。这意味着**积极的预测已经体现在了当前的股价中，这让你不大可能跑赢市场，获得超额的回报**。任何特定公司股票未来的表现都不一定取决于这家公司的优秀程度。相反，**你应该关注的是当前的股价是否与公司的价值相符，或者股价是否过低或过高**。

这并不是说买入个股永远都不是个好主意。我自己偶尔也会买股票，不过只有在把投资年限定为几年的情况下，而且只**有当我确信当前的股价因负面的市场情绪而没有体现其真实价值时，我才会买入个股**。

在我看来，在短线交易方面，私人投资者不大可能优于专业人士。不过，在某些特殊情况下，把购买个股作为长期投资策略的一部分的确是明智之举。我建议**在你留出的进行股市投资的资金中，用来购买个股的资金最多不要超过 5％到 10％。**

投资基金提供了在购买个股之外的另一个选择。目前存在两类基金。主动管理型基金由基金经理控制，他们挑选基金中所包含的股票，目的是跑赢市场。另外，被动管理型基金（也称为交易所交易基金）追踪并复制特定的股票交易指数，比如道琼斯指数或德国 DAX 指数，其业绩表现从定义上讲永远不会比市场更好或更糟。

逻辑推理告诉我们，所有主动管理型基金的总体表现会比市场的整体表现糟糕。单只基金之间的业绩差异通过所有基金的总体数字，也就是市场整体表现得到了抵消。不过，这没有将费用考虑在内，在费用方面，主动管理型基金要远远优于复制股票交易所指数的被动管理型基金。毕竟，基金经理希望他们在挑选股票方面所付出的努力能够得到补偿。

大量研究证明，大多数主动管理型基金的表现不如相关股票交易指数的。格尔德·科默在他 2012 年发表的精彩的博士论文《为德国私人投资者形成并实施一个被动型投资方案》中援引了众多研究结果，这些研究得出的一致结论是"考虑到费用和风险，投资基金的平均表现在整个监测期都不及基准指数。换句话说，它没能超越参考指数（'市场'），而主动管理型基金从定义上讲，追求的肯定正是超越参考指数的目标"[1]。

主动管理型基金的支持者认为，在"行情好"的时候，投资指数基金或许是明智之举——但是万一股市暴跌，在指数基金上的投资就会完全暴露在负面的市场趋势下，而主动管理型基金的经理则可以通过增加持有的现金比例等方式来保护投资者。虽然这从理论上讲似乎很有道理，但并没有实证证据表明这在实践中是正确的。

以 2008~2009 年的那次股市大跌为例，当时集中了美国 500 家规模最大公司股票的标准普尔 500 指数在很短的时间里下跌了 51%，然后才触底反弹。这是主动管理型基金证明自己在困难时期表现更胜一筹的大好时机！就算只平均损失 30% 到 40%，主动管理型基金也是成功的。依照许多基金的补偿政策，它们的经理仍可以通过跑赢市场而获得丰厚的回报。事实上，在这段时期，多达 89.9% 的主动管理型基金的表现不及参考指数的表现。[2]

在股市陷入危机的其他时期，我们也可以看到类似的研究结果。2000~2002 年，美国股市遭遇了自 1941 年以来表现最糟糕的 3 年。不过，即便在这 3 年里，根据对基金不同的分类方法，在所有主动管理型基金中，表现不及参考指数的基金超

---

[1]　Kommer, Gerd, "Herleitung und Umsetzung eines passiven Investmentansatzes für Privatanleger in Deutschland. Langfristig anlegen auf wissenschaftlicher Basis," (Doctoral dissertation, Erfurt 2011) Frankfurt/New York, 2012, 21.

[2]　Robbins, Tony, *Money. Master the Game: 7 Simple Steps to Financial Freedom*, New York/London/Toronto/Sydney/New Delhi, 2014, 98. 引自 SPIVA 研究的"标准普尔指数与主动管理型基金指数"。

过半数，甚至超过 3/4。①

从这些数据来看，大多数主动管理型基金的经理没有在自己的基金上投入多少钱并不让人意外。根据晨星评级机构2009 年发布的一项研究结果，在接受调查的 4300 名基金经理中，2216 人没有向自己管理的基金投入一分钱。投资额在 1美元到 1 万美元的有 159 名经理，投资额在 10001 美元到 5 万美元的有 393 人。对于年薪数百万美元的基金经理来说，这点钱微不足道。在这 4300 名主动管理型基金经理中，在自己管理的基金上投入的金额超过 50 万美元的只有 610 人，仅占约 14%。②

换句话说，至少可以说，这些经理对他们自己的基金信心不足。不过，他们鼓动投资者购买这些基金的力量却很强大，因为银行卖这种基金所赚取的利润远远高于卖被动管理型基金所赚的利润。

支持主动管理型基金的人认为，大多数主动管理型基金的表现是否优于市场并不重要：唯一重要的事情是找到正确的基金。首先，其他所有基金，也就是"错误的"基金也找到了买家，而这些买家原本可以通过购买被动管理型基金获得更高的收益。如果基金未来的表现很容易预测，那么你需要做的就

---

① Kommer, Gerd, "Herleitung und Umsetzung eines passiven Investmentansatzes für Privatanleger in Deutschland. Langfristig anlegen auf wissenschaftlicher Basis,"（Doctoral dissertation, Erfurt 2011）Frankfurt / New York, 2012, 126.

② Robbins, Tony, *Money. Master the Game: 7 Simple Steps to Financial Freedom*, New York/London/Toronto/Sydney/New Delhi, 124.

是确保投资一只未来会跑赢市场的基金，而大多数基金的表现不会有什么不同。

不过，一旦投资者需要识别哪只基金会比市场表现得"更好"时，问题便会出现。众多财经媒体似乎又一次前来帮忙，通过刊发"图表"来突出不同类型基金中表现最出色的——投资德国股票、日本股票或美国股票的最佳基金；投资大公司、小公司的最佳基金；等等。这些图表有多大用处呢？

只有当投资者通过基金过去的表现能够预测未来趋势时，这些图表才有用。每一个依据基金过去表现的排名体系都建立在这一前提上，而这样的前提显然是错误的。

**许多研究表明，基金过去的表现对于预测未来的走势并没有多大意义。**一项研究分析了特定年份排名前 25% 的基金后来的发展情况。这些基金当中只有 1.85% 的基金在随后 3 年里一如既往地排名前 25%，没有一只基金在 5 年里保持在前 25% 的排名位置。[①] 只有表现最差的基金显示出了某种连贯性，这主要是由于它们的高成本，这个因素彻底破坏了它们的业绩表现。[②]

除了基金排名外，还有基金评级。两者的区别在于排名主

---

① Kommer, Gerd, "Herleitung und Umsetzung eines passiven Investmentansatzes für Privatanleger in Deutschland. Langfristig anlegen auf wissenschaftlicher Basis," (Doctoral dissertation, Erfurt 2011) Frankfurt / New York, 2012, 25.

② Kommer, Gerd, "Herleitung und Umsetzung eines passiven Investmentansatzes für Privatanleger in Deutschland. Langfristig anlegen auf wissenschaftlicher Basis," (Doctoral dissertation, Erfurt 2011) Frankfurt / New York, 2012, 30.

要基于过去的表现，而评级则结合了对过去表现的反思与对未来走势的预测。目前有不同的机构提供这样的评级。

有些机构提供的评级很像排名，因为它们在很大程度上基于历史回报率和波动性。其他评级则关注同一个经理所管理的基金过去相对于其竞争对手而言的表现，突出强调基金经理的业绩记录。

评级旨在预测哪些基金最有可能在未来表现好于或差于其他基金。评级机构利用它们所说的"事后检验"手法，从而验证它们以往预测的准确性，也就是说来确定曾被评定为高于平均潜力的基金是否真的表现优于被评定为不大可能有良好表现的基金。

被动管理型基金或者说指数基金提供了主动管理型基金之外的另一种选择。每一种被动管理型基金都是追踪某个具体的指数，比如道琼斯指数。近年来，这种被动型投资手法变得越来越受欢迎——不过更受机构投资方的欢迎，而不是私人投资者。对于支持这类基金的人士来说，一个重要的理由是：如果大多数主动管理型基金终归无法跑赢股票指数，而且如果很难甚至根本不可能确定哪些基金未来会有比股票指数更好的表现，那么投资者购买被动管理型基金会获得更好的回报——特别是因为这类基金的费用远远低于主动管理型基金的费用，这是人们支持被动管理型基金的另一个理由。

不过，被动管理型基金之间也存在差异。它们都有同样的目标，也就是尽可能准确地复制股票指数。但是它们使用不同的方法来达到这一目标。主要的不同存在于使用"实物复制"的基金和使用掉期综合复制指数的其他基金。

简单来说，"实物复制"基金经理或托管机构购买与股票指数本身对应的一系列证券。比如，复制德国 DAX30 指数的 ETF 的基金经理或托管机构会按照各只股票的权重比例买入 DAX 所包含的所有 30 只股票。至于像摩根士丹利资本国际（MSCI World）这种规模很大的指数，ETF 不会买入构成该指数的所有股票，而是购买尽可能准确地追踪价格走势的一些股票样本。另外，说到所谓的非融资掉期，这种基金包含的是经常与股票指数的成分不相关的一揽子证券。基金与银行之间的合约要确保接下来这一揽子证券的收益与 ETF 原本要追踪的资产的收益进行交换。这是为了确保投资该基金的人实际上会因该指数的表现而获益。

在银行业爆发危机后，投资者已经越来越警惕与这类 ETF 相伴而生的交易对手方的风险。如果合约对手，也就是银行出现违约会怎么样？至于融资掉期，银行必须将流动性证券交由中立的保管方保管，从而防范这类风险。如果银行接下来不能履行掉期合约产生的支付义务，ETF 的基金经理或托管机构有权将这些证券变现。[1] 不过，请注意：尽管有这层保障，各种类型的"合成复制"基金还存在剩余风险。毕竟，银行所保管的证券本身也要受到市场波动的影响。在最坏的情况下，一旦出现股市崩盘，将这些证券变现可能无法完全负担违约银行的支付义务。[2]

如果这对你来说听起来太过复杂，你最好购买"实物复制"ETF 好一些，即它复制的股票指数所涵盖的股票。你要面

---

[1] Hecher, Claus, *Anlegen wie die Profis mit ETFs*, Munich, 2013, 35.

[2] Hecher, Claus, *Anlegen wie die Profis mit ETFs*, Munich, 2013, 6.

对的下一个关键问题是，购买哪一只 ETF——市场上有成千上万种这类基金，几乎复制了全世界所有股票指数。

你现在面临着一个看似困难的选择。你是否应该买入复制本国指数的 ETF？你为什么这样做？就因为你恰好生活在这个国家吗？这不是一个充分的理由，就像关于"本土偏好"一章所证明的。要不然买入复制亚洲市场或者整个"新兴市场"指数的 ETF 怎么样？如果你断定这些市场未来的表现可能优于全球平均水平，那么这样做是明智的。但是你怎样才能确信这一点呢？

投资者在这方面经常犯两个错误。我已经谈到了第一个：依靠定性的论据（更快的增长、更有利的人口前景等）而忘了这些数字是众所周知的，已经体现在了股价中。一个特定国家的经济增长情况能作为未来股市积极走势的指标吗？研究已经证明，国民生产总值（GNP）与股市收益之间其实并无关联。在有些情况下，GNP 的增长甚至被证实对股市的收益具有负面作用。这既适用于新兴市场，也适用于发达工业国家。[1]

如果所有这些让你得出这样的结论，即普通的私人投资者即便不是近乎不可能，也是很难挑选出最好的股票或管理得最好的基金，而且如果你还意识到未来股市的走势很难甚至近乎不可能被预测，那么这会让你成为"不可知论的投资者"，就像我所说过的那样。

从字面意思上讲，不可知论是一种强调人类知识的局限性

---

[1] Kommer, Gerd, "Herleitung und Umsetzung eines passiven Investmentansatzes für Privatanleger in Deutschland. Langfristig anlegen auf wissenschaftlicher Basis," (Doctoral dissertation, Erfurt 2011) Frankfurt / New York, 2012, 83.

的世界观。古希腊哲学家普罗泰戈拉（公元前 490 年至公元前420 年）曾说过："关于神，我既不知道他们是否存在，也不知道他们可能是什么样子，因为问题是晦涩的，人生是短暂的。"

不可知论的概念已超出了最初的神学框架，用来在更广泛的意义上描述一种认识论观点。这正是我这里所说的情况。不过，我并非所谓的"有效资本市场理论"的支持者，按照这一理论，市场运作极为有效，以至于股价在任何时期都会反映所有相关信息。根据这一理论，普通的私人投资者不可能在很长一段时间里彻底跑赢市场——做到这一点的唯一方式就是靠非同寻常的运气。对于这一理论的支持者而言，像沃伦·巴菲特这种几十年来成功跑赢市场的人，就像是并非一次，而是20 次彩票中奖的非正常人士。我不这样认为。

有一个沃伦·巴菲特，就有成千上万个从来没有成功跑赢过市场的私人投资者——无论是买个股，还是买单只基金。就连沃伦·巴菲特本人也一再说，普通的私人投资者最好还是购买被动型 ETF 基金。2013 年，他在每年写给股东的信中包含如下建议："非职业人士的目标不应该是挑选赢家——他或他的'帮手'都做不到这一点——而是应该去持有一批具有代表性的企业，它们在总体上必定会有良好表现。一只低成本的标准普尔 500 指数基金会实现这样的目标。"①

2007 年，就在国际金融危机爆发之前，沃伦·巴菲特与

---

① 2013 年巴菲特致伯克希尔·哈撒韦股东的年度信函，引自 Robbins, Tony, *Money. Master the Game：7 Simple Steps to Financial Freedom*, New York/London/Toronto/Sydney/NewDelhi, 92。

一位名叫泰德·塞德斯（Ted Seides）的投资顾问有过一次著名的对赌约定，结果显示指数基金的优越性显而易见。[①] 塞德斯供职于纽约的对冲基金公司（Protégé Partners）。赌注与塞德斯这样的专家能否选择一组特别好的对冲基金有关，目标是这些对冲基金在 10 年内的表现是否能够超过一只简单、多元化、低成本的被动指数基金。巴菲特为反方，对冲基金专家塞德斯为正方。

为了确保一年内的一次性效应不会扭曲结果，巴菲特和塞德斯同意，他们的赌注应涵盖一段较长的时间，即从 2008 年 1 月 1 日至 2017 年 12 月 31 日共为期 10 年，输家向赢家支付总计 100 万美元。他们还同意赢家将奖金捐献给自己选择的慈善机构。

巴菲特选择了先锋（Vanguard 500）指数基金，该指数基金跟踪美国 500 家最大上市公司的标准普尔 500 指数的表现。塞德斯选择了 5 只对冲基金，这 5 只基金的基本平均数将根据对赌约定决定买进、卖出。

这次对赌约定旨在确保：①排除潜在的无足够代表性的短期回报；②单个正向或负向的"异常对冲基金"的业绩表现将不是决定性的；③涵盖全球约 10000 只对冲基金的广义对冲基金指数的"平均值"也不能起决定性作用。相反，出于对赌的目的，对冲基金市场将由数量有限的最好的对冲基金代表。这些基金将由对冲基金专业人士选择。用沃伦·巴菲特的

---

① https：//www. gerd - kommer - invest. de/warren - buffetts - hedge - fonds-wette/.

话说："这次汇聚的是一个精英团队，它充满了智慧、肾上腺素和信心。"

最终，许多机构和私人对冲基金投资者在决定投资"优中选优"之前面临的情况都是差不多的。他们知道哪些对冲基金在过去表现最好，将这些历史数据作为他们的主要选择标准，只是不知道他们的选择在未来表现如何。由于投资者意识到这种不确定性，他们通常不会把所有的鸡蛋放在一个篮子里，而是同时投资多只基金。

事后来看，这场对赌所涵盖的 10 年是一场类似过山车之旅的 10 年，其强度不太可能在未来几十年内达到。在 2008 年 1 月 1 日至 2017 年 12 月 31 日的十年间，发生了以下情况：80 年来最严重的全球经济和金融危机；自 2008 年以来，欧元区经济一直萎靡不振，大多数欧盟国家的政府和私人债务达到创纪录水平；2010 年被遗忘的"闪电崩盘"；2015 年以来石油价格大幅下跌；2016 年开始的政府债券负名义收益率；（仍未解决的）欧洲难民危机；英国脱欧公投（2016 年）；唐纳德·特朗普当选美国总统（2016 年）；中东叙利亚战争。以上仅是其中几个非常重要的事件。当然，这些事件伴随着戏剧性的下跌和上涨，包括 2009 年 2 月全球股价大幅下跌 57%，之后的 24 个月内股价大幅上涨 78%（所有数据均以欧元计算）。

因此，有一点是明确的：这十年并不总是天气晴朗的时期。对于自称"华尔街之王"的投资者来说，有充足的机会以标准普尔 500 指数基金的形式取得更好的业绩，应该能够超越简单的买入和持有策略。如果不是在这样一个动荡的十年里，那么什么时候才能实现超越呢？

对赌的结果具体如下。

• 在选定的十年期间，没有一只对冲基金能够跑赢标准普尔 500 指数基金。（在任何情况下，都是 5 只基金的平均数决定了对赌的赢家）。

• 5 只基金中最好的一只比标准普尔 500 指数差 17%，最差的一只基金比标准普尔 500 指数差 54%，这令人震惊。

• 在过去 10 年中，最初投资于先锋指数基金的每 1 美元回报了 2.26 美元。相比之下，5 家对冲基金的平均回报（1.38 美元）仅略高于该金额的一半。

然而，暴露对冲基金近年来糟糕表现的不仅仅是巴菲特与塞德斯的对赌。自 2003 年以来，在 15 个自然年中的 14 个自然年内，整个全球对冲基金行业（以 HFRX 对冲基金指数衡量）的表现均逊色于世界股票市场（MSCI-ACWI 指数）的。

这场对赌证明了另一个显然不算新鲜的见解：与任何投资相关的附带成本（即费用）对其长期成功起着关键作用。对冲基金的这些费用可能是先锋指数基金的 20 倍。对冲基金的通常费用包括 2.0% 的管理费加上额外的绩效费用。后者在长期内每年增加约一个百分点，前提是该基金获得中等或高回报（当然，塞德斯选择的对冲基金在大多数年份并非如此）。

如果你真以为虽然 5 名顶尖的对冲基金经理或许不能在 10 年的时间里跑赢市场，但你在财务顾问提供的一点帮助下，能够做得更好，那么我祝你好运。虽然我研究股票指数已有二十几年，但我对自己能做到这一点不抱任何幻想。

不过，如果你也像我一样认为，在胜出的可能性不大的情况下投入时间和精力是没有意义的，而且如果你也和我一样认为很难预测哪个国家的股票指数未来会比全球市场指数有更好或更糟的表现，那么合理的结论是，**买入一只基于全球股票指数的被动投资型基金（也就是 ETF）**。正因为如此，**我在多年以前决定将把投资的重点放在复制摩根士丹利资本国际指数（MSCI ACWI）的一只 ETF 基金上**。

这一策略基于一个简单的前提：**确信把购买公司的股票作为有形资产是一项好的长期投资，而且从全球层面上看，股票长远来说会带来良好的收益**。当然，持有这种看法意味着你终究不是彻底的不可知论者。

不过，我仍需要回答两个根本性问题：**什么时候是买入 ETF 的最佳时机？你需要持有 ETF 多长时间？**先回答第二个问题：作为一名非专业人士，只有你愿意长期持有股票时，投资股票才有意义。而我所说的长期指的是几十年。遗憾的是，大多数人无法想得那么远。这正是他们投资失败的原因之一。

然而，历史上确实有过股票行情不佳的时期，而且这是一段很长的时间。虽然迄今为止这样的时期不多，不过我不能保证股票"永远"都是好的长期投资产品。因此，每当有人推荐把股票作为投资首选时，我总是持怀疑的态度。

如果你不幸在股市就要陷入长期低迷的股价最高点时进入股市，那么你会遇到大麻烦。1929 年买入标准普尔指数的首次投资者到 1932 年 6 月不仅损失了 80% 的资产，还要等到 1958 年底才看到该指数（扣除通胀影响后）重回 1929 年的水平。有着同样的命运的是，在 1966 年首次投资股票的人到 1974 年损失了 56% 的资金，而且要等到 1992 年 5 月才看到股票（扣除通胀影响后）重回 1966 年的水平。[①] 更倒霉的是在 20 世纪 80 年代末首次投资日本股市的人，当时日经指数达到了接近 4 万点的历史最高水平，此后该指数再也没有到过这样的水平。2015 年 1 月底，日经指数保持在 17500 点的水平。

所幸没有多少人在股市达到顶峰时将所有的钱投在股票上。当然，你最好是在股市跌至低谷时投入你所有的钱。但是，还是没有多少投资者会这么做，部分原因是我们只能事后看出股市低点。毕竟，当时谁也不知道股价是否还会进一步下跌。此外，你也不大可能恰好在股市跌到最低点时，能够动用你为股市投资留出的全部资金。而且最后还有一点，大多数投资者要将所有的钱投入萎靡不振的市场，会面临心理上的斗争。

出于所有这些原因，我已经决定不管股市如何波动，每月定期购买一定数额的一只基于摩根士丹利资本国际指数的 ETF。正如我在前面的章节所提到的，大多数投资者往往在股价处于高位时买入投资基金。顺便说一句，这也是大多数投资者获得的回报的比率远远低于基金报告中所提到的投资回报率（ROI）的原因。从 1991 年到 2004 年，美国市场的平均投资回报率为每年 12.2%，研究人员却证明，在这段时期，7125 只基金带来的回报率只有 7.7%（主要是由于高额的费用，这从长远来看是一笔重要的开支），而投资者获得的平均收益率

---

① Shiller, Robert J., *Irrational Exuberance*, Princeton, 2010, 24-25.

就更低了，只有 6.1%。[1] 基金和投资者所获得的平均回报率之间的差距只是由于投资者在错误的时间买入或卖出他们所持有的基金。

正因为如此，我会建议你遵循"尤利西斯策略"。根据传说，这位伊萨卡国王在从"死亡之地"返回后，乘船经过塞壬岛，女妖塞壬迷人的歌声将倒霉的水手引向悬崖，一去不回。尤利西斯让手下将他绑在船的桅杆上，这样即使他听到女妖的歌声也不会屈服于其致命的诱惑，他还让手下用蜡将耳朵封上，确保他们安全地驾船带他经过该岛。**对于投资者而言，危险的悬崖像过于乐观的时候（这时你必须强制自己不要在投资基金上投入太多）和恐慌的时候（这时你必须强制自己不要将手中的股票卖出）。**

**你可以遵守严格的储蓄计划，并且不管股价是涨还是跌，每月投资同等数额的钱，就好像是将自己绑在桅杆上。**

正如你所看到的，我们从古代哲人和诗人那里可以获得许多智慧。通过让你的投资策略基于我在本章中所总结的科学研究的结果，**通过遵循不可知论、承认自身知识的有限，以及通过效仿尤利西斯、比喻性地将自己绑缚在桅杆上以便抵御市场的危险，你就会大大增加靠投资股票让自己的财富增长的可能性。**

不过，有必要重复的一点是，普通投资者不会通过购买股

---

[1] Kommer, Gerd, "Herleitung und Umsetzung eines passiven Investmentansatzes für Privatanleger in Deutschland. Langfristig anlegen auf wissenschaftlicher Basis," (Doctoral dissertation, Erfurt 2011) Frankfurt / New York, 2012, 43.

票赚大钱。出于多方面原因，投资房地产是更好的选择。原因之一是，仅以公寓楼市场为例，它远不如国际股市那么透明。你只需要一点点常识就能发现巨大的投资机遇。

另外一个重要原因是，你可以通过在购买房地产时进行借贷来增加自己的收益——事实上，大多数投资者这么做。虽然在购买股票时也可以贷款，但风险要大得多，以下几点可以证明。

虽然银行的确会为你购买股票的行为提供贷款，但它们只愿意让贷款价值比率达到50%，相比之下，购买房地产时，贷款价值比率可以达到80%甚至更高。这表明银行认为杠杆化股市投资的风险要高于房地产投资的风险。因此，为购买股票提供的贷款的利率远高于房地产贷款的利率。[①]

在股市崩盘的情况下，如果你不能提供额外的保证金来确保贷款的安全，银行会立刻开始卖出你的股票，即便这违背了你的意愿。正因为如此，最好不要为投资股市而贷款——风险太大。房地产不同，在这方面，你只需有限的本金，就可以做大额的投资。

---

① Kommer, Gerd, "Herleitung und Umsetzung eines passiven Investmentansatzes für Privatanleger in Deutschland. Langfristig anlegen auf wissenschaftlicher Basis," (Doctoral dissertation, Erfurt 2011) Frankfurt / New York, 2012, 211.

# 第十三章 在房地产市场上赚大钱

2013 年，当欧元区危机全面爆发时，欧洲央行公布的一项研究结果揭示了一些令人惊讶的事实：意大利、西班牙、马耳他和塞浦路斯的平均财富水平高于德国的平均财富水平。这让人吃惊——但在调查了 6.2 万个家庭后得出的这一结果是清楚无误的。[①]

德国每个家庭的平均净财富约为 5.14 万欧元，意大利每个家庭的平均净财富则约为 16.39 万欧元，西班牙每个家庭的平均净财富约为 17.83 万欧元。根据这项研究，这主要是由于这 3 个国家每个家庭在居住性房地产资产方面存在的差异。只有 47.7% 的德国人拥有居住性房地产，拥有居住性房地产的意大利人和西班牙人的比例分别为 68.4% 和 82.7%。研究发现，**偿还房屋或公寓的抵押贷款是"创造财富的重要动机"。**可以看出，有房屋或公寓的人比租房的人拥有更多财富。

---

① Deutsche Bundesbank, Panel of Household Finances, March 21, 2013, Presentation, 18.

另一项基于"健康、衰老和退休调查"的研究得出了类似的结果，该调查收集了欧洲各地年龄在 50 岁以上的 22271 人的数据。这一研究表明，在西班牙和意大利，年龄在 50 岁以上的人所拥有的财富当中，居住性房地产所占的比例分别为 76% 和 70%。[①] 考虑到西班牙和意大利是欧洲住房自有率最高的国家，这样的结果并不令人吃惊。

不过，西班牙和意大利也自诩财富/收入比率最高。财富/收入比率体现了特定国家的平均财富和平均收入之间的比率。为了研究，两国计算的都是 50 岁以上的人群的财富。研究发现，两国的平均财富是平均年收入的 22 倍。在德国和瑞典这两个住房自有率低得多的国家，情况恰好相反。这些国家的财富/收入比率最低——换句话说，德国和瑞典公民相对于其收入来说，所拥有的财富要少得多。顺便说一句，这项研究还表明，财富不均和住房自有率之间存在着关联，在住房自有率最高的国家，财富不均的程度最低。自有住房者与租房居住者所拥有的财富的对比印证了住房自有率高和住房自有率低的国家之间的对比，这表明：房地产是创造财富的重要因素。

根据德意志联邦银行公布的数据，德国没有抵押贷款负担的自有住房者平均净财富达到 25.562 万欧元，相比之下，正在偿还抵押贷款的自有住房者的平均净财富为 16.02 万欧元，而租房居住者的平均净财富只有 1.029 万欧元。没有抵押贷款

---

[①] Skopek, Norma, "Vermögen in Deutschland," in Lauterbach, Wolfgang, Michael Hartmann and Miriam Stöing (eds.), *Reichtum, Philanthropie und Zivilgesellschaft*, Wiesbaden, 66-68.

负担的自有住房者的平均财富达到 45.782 万欧元，相比之下，偿还抵押贷款的自有住房者的平均财富为 27.013 万欧元，而租房居住者的平均财富只有 4.775 万欧元。[1]

你或许会反对说，这样的差异是由于拥有更多可支配资产的高收入者更有可能购买房产——换句话说，住房自有是财富规模更大的结果而不是缘由。不过实证研究机构的研究发现，两者之间的因果关系要比这更复杂。研究人员对比了家庭净收入类似的人，确定自有住房者和租房居住者在财富规模上存在着显著不同。[2]

出现这一差异的主要原因是两者在储蓄行为上的不同。除了为支付抵押贷款而留出的资金外，两个人群——租房居住者和自有住房者在寿险、储蓄计划和其他形式的资本投资上投入了相同数量的资金。事实证明，以为自有住房者因为需要偿还抵押贷款而在其他形式资本投资上储蓄的资金少于租房居住者在其他形式资本投资上储蓄的资金，这种想法是错误的。

相反，研究表明，自有住房者除了偿还抵押贷款之外，还投资其他储蓄计划。日后，他们的居住性房地产会偿清抵押贷款，这意味着他们甚至会有更多的钱用于其他形式的投资。

这也解释了为何据称"富有的"德国人拥有的财富远不及"穷一些的"意大利人和西班牙人拥有的财富。这样的差异在很大程度上是由于意大利和西班牙的住房自有率远高于德

① Deutsche Bundesbank, "Private Haushalte und ihre Finanzen," tables attached to press release dated March 21, 2013, Table 1 A1.

② Zitelmann, Rainer, *Vermögen bilden mit Immobilien*, Freiburg/Munich/Berlin, 2008, 37-39.

国的。**拥有房产迫使人们在储蓄行为上非常自律**。自有住房者比租房居住者创造的财富更多以及住房自有率高的国家平均财富远远大于住房自有率低的国家平均财富的"奥秘"也在于此。

梅兰妮·伯温-斯科梅兰布洛在做博士研究时，走访了平均拥有 235 万欧元财富的 472 人，并对结果进行了分析。她发现，正如预料的那样，通过工作赚取的收入是创造财富的最重要因素——接下来是继承财富。不过，房产被证明在重要性上只是略逊一筹，48%的受访者说，房产一直是他们创造财富的"重要部分"，相比之下，对股市投资做出同样评价的人只占 20%。[1]

甚至有一成的人说，房产是他们迄今为止创造财富的最重要部分，只有 2.4%的受访者对股市所带来的利润做出了同样的表述。换句话说：这项研究表明，**房产在创造百万欧元财富上的重要性是投资股票与基金的 4 倍**。

事实上，如果把继承的财富也考虑在内，房产发挥的作用甚至更大。上述调查表明，81%已继承财产的富裕家庭得到了货币资产，而 68%的家庭以继承或馈赠的方式得到了房产。不过，继承来的房产的价值为 30 万欧元（平均值），是继承来的货币资产的 2 倍。

这一研究还发现，**富有的企业家特别偏爱购买房产**。超过

---

[1] Böwing-Schmalenbrock, Melanie, *Wege zum Reichtum. Die Bedeutung von Erbschaften, Erwerbstätigkeit und Persönlichkeit für die Entstehung von Reichtum*, Wiesbaden, 2012, 174.

半数的受访者表示企业家精神是自己创造财富的最重要因素，拥有房产是另一个重要因素。反之亦然：在明确认为拥有房产是积累财富最重要部分的人当中，40%也提到企业家精神是重要因素。①

通常，人们通过作为自雇承包商或自主创业来创造财富，然后通过投资房地产让财富增值。我自己的情况与之类似。2004 年，在自己开公司 4 年后，我在新克尔恩买了一处可供多个家庭使用的拥有 24 套公寓的房产，当时它位于柏林最糟糕的地段之一。没有反对我做这项投资的人只有一个，那就是把这处房产卖给我的房产经纪人——11 年后，此人以 4 倍于现在的房产的价格把这处房产卖给另一个投资者。当我和认识的人，其中不乏房地产专家说起我的计划时，他们共同的反应是：不要这样做。德意志银行拒绝为这笔投资提供资金支持，因为新克尔恩被认为是风险太大的地区。

在撰写这一章时，我翻看了报纸上过去登载的文章——如今，德国首都的房地产市场被认为是全世界最有吸引力的市场，很难想象当时在新克尔恩的投资看起来有多么奇怪。2003 年 3 月 20 日，《每日镜报》报道了德国经济研究所（DIW）组织的"柏林未来专题讨论会"。DIW 得出的结论是，在经济增长方面，柏林落在德国其他地区的后面，德国的经济增长则在整个欧洲垫底。旅游业衰落，零售额大幅下降。2003 年 8

---

① Böwing-Schmalenbrock, Melanie, *Wege zum Reichtum. Die Bedeutung von Erbschaften, Erwerbstätigkeit und Persönlichkeit für die Entstehung von Reichtum*, Wiesbaden, 2012, 178.

月22日，《柏林晨邮报》报道说，柏林房地产市场的空置率已经升至"创纪录的高点"。16万套住房处于空置状态。当地政界人士正在讨论是否拆毁战前所建的位于市中心的住房，从而减少供应过剩的住房。

2004年2月10日，房地产市场刊物《房地产报》刊登了一篇题为《柏林房市承受压力》的文章，它称柏林总共有13万套空置房屋。它援引了德国裕宝银行的研究结果，根据这一结果，私人居住性房地产的价格还将继续下跌。这家银行的专家预计，不怎么样的居住区会出现"价格下跌"。公寓式住宅的售价在每平方米1000欧元到5000欧元，不过"几乎没有人"再购买新楼中的公寓房或是不只有一间卧室的公寓式住宅。2004年11月，德国明镜电视台播发了另一则关于新克尔恩的危言耸听的报道，说它是"柏林贫民区。该地区超过30万居民当中有将近1/4为失业人员。以社会福利为生的人所占的比例比欧洲其他任何一个地方的以社会福利为生的人所占的比例都要高"。2004年1月，《柏林日报》提醒说："新克尔恩很快会变得无法管理。"2004年9月9日《世界报》上一篇报道的标题是：《新克尔恩：贫困中心区——人们靠福利过活是常态》。

我难道没有读到这些报道并接收到关于柏林房地产市场行情的负面研究报告吗？当然有。但是我相信当地的房价体现了这些数据。毕竟，新克尔恩的房价非常低，正是因为别人都不想买这里的房子。房价是在将不包含水电费的年净租金乘以一定倍数后计算出来的。不包含水电费的年净租金为15.1万欧元，所以我以102万欧元的价格买下了这处房产。它的确很便宜，因为我只以不到 6.8 倍的价格将它买下，初始毛收益率接近于 15%！

在支付了房产经纪人的佣金、房产转让税以及一些初期维护费后，我总共花了 121.5 万欧元。**幸运的是，我碰到了一位聪明的银行家。他明白我捡了个便宜，知道我的投资一定会有回报**。他所在的银行向我提供了 116.4 万欧元的贷款，用来买下这处房产并支付房产转让税，还为升级改造房屋提供了另外 7.8 万欧元的贷款——总计 124.2 万欧元，比我的总花费多了 2.7 万欧元。换句话说，我完全没有动用自己的资金就买下了这处房产。

不过，我同意最初的还款率定在 6% 这一很高的水平。2015 年 3 月底，剩余的债务总计只有 22.4 万欧元。当柏林房地产市场的价格开始升到让我觉得高得失去理性的水平时，我决定将这处房产出售，并卖到了 420 万欧元的价格。在过去的 10 年里，我只是适度提高了租金，可是我当初以 6.8 倍于租金的价格买下的公寓式住宅，最终以 24 倍于租金的价格将其卖出。换句话说，**在十多年里，我从一项成本为零的投资中赚到了 400 万欧元**。当然，这是在房地产投资方面取得的少有的成功，我很难去重复这样的成功。但是这并不意味着它不是一个能给人带来启发的例子。

**和其他任何投资一样，你需要在购买房产时预见未来**。和其他许多人一样，我非常清楚柏林房地产市场当时所存在的问题：空置率高，租金停滞，甚至出现下降。我同样清楚像新克尔恩这样的地区所特有的问题，不过**我相信这些负面的看法已经体现在了价格中**。然而，我也清楚**空置率居高不下和租金低**

**位徘徊意味着几乎没有任何新的在建楼盘。在一个人口超过300万的城市，由于建新房没有利润，每年在建的新房只有几千套。我当时预见到，这样的局面迟早会导致空置率下降，租金和房价上升。因此，我买下了位于新克尔恩的这处房产。**

当时，我根本就不认为这是一项有风险的投资。**即便这处房产没有升值，单是一大笔多出来的租金收入也会让它成为一笔很有吸引力的买卖，因为它让我可以偿还数目庞大的分期贷款。**如果这一区域的租金或购买力因素都没有增长，我不会将成本为零的投资变成400万欧元的回报，但是我可能依然会轻松获得100万欧元的回报。因此对于这笔在不怎么样的地段用高比例的借贷资金所做的投资，我认为没有任何理由认为它格外有风险。

后来，我卖掉了我在柏林的许多房产，但有一处我真想保留：柏林夏洛滕堡（Charlottenburg）的一栋公寓楼，它有25套公寓和两个商铺。我在2009年4月买下这栋公寓楼。当时，大家——尤其是银行界——都对经济前景极度悲观。那是雷曼兄弟（Lehman Brothers）倒闭后的第7个月。

我意识到人们对房地产的需求也在下降，因为银行已经变得非常不愿意贷款，人们普遍认为，真正的灾难即将来临。房地产市场没有崩溃，但房价确实下降了。在我看来，这正是买入的最佳时机。我以11.9的低房价租金比（price-to-rent ratio）买下这处房产，这相当于8.4%的总收益率。

近年来，柏林左翼政府让房屋所有者的生活越来越困难。它几乎到处划定所谓的"邻里保护区"。在这些"保护区"，不再是房屋所有者，而是政府决定如何处理给定的房产。作为一项规则，以后将房产拆分为独立产权的公寓之类的操作不再具有可能性。作为预防措施，我在2018年采取了法律申请措施，正式获批将公寓楼拆分为独立产权公寓，尽管我那时候并不打算出售这些公寓。这更像是一种预防措施，以防我购买的公寓楼所在的社区在未来的某个时候也被宣布为"邻里保护区"。事实上，就在这之后几个月里，这个社区就被宣布划定为"邻里保护区"了。如果当时我没有采取措施做好预先安排，这栋公寓楼的房价可能会下降至少20%。

2019年6月，柏林左翼政府还宣布，将很快通过一项法律，冻结最初5年的租金，而且我还预计，一旦最初5年到期，政府将延长冻结期。新的租金冻结立法甚至强制性要求房东降低他们与租户签订的合同约定期限内的租金！

我很快就明白，这项政策将在相当一段时间期限内导致租房价格大幅下降，因为它将使租赁物业全面贬值。与我最初的计划相反，我立即决定卖掉我在夏洛滕堡的公寓楼。市场上没有很多潜在买家，因为考虑到即将实施的租金冻结政策，大多数投资者已经停止在柏林购买住房。尽管如此，我还是找到了一位投资者，他在2019年9月以750万欧元的价格买下了这栋建筑。这个价格相当于33.5的房价租金比，几乎是2009年我为这栋楼支付费用的3倍。

2009年买入这处房产时我支付了185万欧元以及其他附加费，但只花费了46.8万欧元的自有资金。我同意了**相对较高的偿还率**，还特别偿还了751000欧元，这样，我出售该房产时，该房产就没有债务。如果把一开始使用的股权和特别还款加起来，我将122万欧元的投资变成了750万欧元收益，从而获得了 628 万欧元的净利润。

有些人可能会认为这是一笔"轻松赚到的钱"。一方面，他们或许是对的；另一方面，在雷曼兄弟破产后不久，当市场跌入谷底时，我需要勇气购买这处房产，并且需要对在此后 10 年当地的政治发展进行谨慎分析，才能在最后一刻及时做好房产分割处置，然后将其出售给投资者。有些"抨击富人者"（"rich bashers"）不明白的是，**财富并不是"流血、流汗和流泪后获得的红利"**，而是投资者经历冒险、正确分析经济和政治环境变化并做出正确决策后获得的回报。

这个投资的例子说明，关于房地产市场的许多常见看法充其量只是表面上正确。许多人会告诉你，最好在"理想的地段"投资。不过，因为大多数市场主体遵从了这样的建议，在"不怎么样的地段"或许要比在通常认为是"理想的"地段抢购房产更有可能让你做出精明的投资。**与任何投资一样，如果你逆潮流而动并依据正确的信息形成自己的观点，那么你最有可能通过购买房产获取丰厚的利润。**当然，公认的看法是，在借贷比率超过 100% 的情况下购买房产是非常危险的事情，就像我前面提到的新克尔恩公寓楼案例中所做的那样。在这个特定的案例中，我能够这样做，完全是因为银行估计抵押品价值会增长。这次冒险之所以带来了回报，是因为我把房屋出租所带来的利润用来偿还贷款，而不是将其花掉，另外也是因为房地产价格的发展趋势正如我所预料。

还有其他许多人购买房产的冒险之举一直不太成功，有人还出现了一定程度的亏损。投资者要规避风险，最好谨慎行动。最大的风险之一与借贷有关。过去，房地产的抵押贷款通常定为 10 年期，最初的还款率设定为 1%。

在当前的市场上，由于利率低、房价高，这类贷款风险极高。利率越低，每月还款率就越低，这意味着偿还贷款将花费更长的时间。等到固定利率的还款期限到期时，利率可能已经大幅上涨，可是还有一大笔贷款尚未还清。最糟糕的情况是，购房者接下来无力偿还月供，抵押贷款的放贷者于是将房产拍卖。规避风险的投资者或许更喜欢协商 15 年或 20 年的固定利率期限和更高的还款率，从而将这种风险降至最低。

许多投资者如果遵照下面两个我在购买房产时总会考虑到的简单原则，或许可以给自己避免许多因考虑不周的投资而带来的麻烦。

（1）**永远不要在没有首先委托专家就房屋结构的坚固性出具报告的情况下就购买公寓楼。**房子里有大量蟑螂、霉菌甚至干腐菌，不一定意味着你不应该买这个房子，不过这的确是你应该注意的事情。比如对干腐菌的处理可能就要花费大量资金。

（2）**甚至在让专家去看房子之前，先和租户聊聊！**敲他们的门，问问暂时住在这里的人有何感受。他们比任何专家更了解这所房子，而且能够向你提供你所需要的一切信息：房子有没有潮湿的问题？是不是有很多变动，不断有新的租户搬进、搬出？有没有哪间房子过去空了很长一段时间？大多数租户的坦率程度让人吃惊，他们愿意向你提供信息，甚至带你在房子里转一转。我当初关注了一处房产，卖房的人信誓旦旦地说，它从来没有任何潮湿或霉菌的问题。不过，他的一名租户向我展示了他和邻居用来盖住他们房子里成片出现的霉斑的"操作方法"。

到目前为止，我主要谈的是投资居住性房地产。不过，房地产市场提供了其他很多投资机遇，比如写字楼、零售地产、企业地产、物流设施、养老院、酒店。

然而，大多数投资者负担不起直接投资商业地产的花销，因为购买价格远远高于住宅市场。大多数投资者更有可能通过买入房地产基金或房地产股票进行所谓的"间接"投资。利用由投资房地产股票的基金提供的间接投资机会的投资者少之又少。这类基金尤其是投资外国房地产市场的绝好手段。我就是弄不明白，为什么没有更多的人投资此类基金，这种基金融合了投资房地产和股市的双重好处。比如，对于想要利用亚洲房地产市场提供的机遇的人来说，有些基金投资于房地产投资信托。许多房地产投资信托是高度细化的专业房地产机构，关注的是具体类型的房地产（比如大型购物中心）。

房地产会让你变得富有吗？和其他任何一种投资一样，通过将资金投入精挑细选的直接投资或封闭式基金而不是进行多样化投资，你能增加赚钱的机会。我直接投资柏林房地产市场的亲身经历就是一个很好的例子。如果我把钱投入一个注重多样化投资的基金，我获得同样的两位数收益的可能性微乎其微。

这种投资比投资诸如开放式房地产基金之类的多样化投资的风险更大吗？如果你没有关注相关投资机会的每一个细节，风险肯定很高。但是当然，取得丰厚回报的可能性同样也更大。

　　此外，和其他任何投资一样：随大流并投资与其他所有人相同的机遇或许看似稳妥，但事实上这是一种很少能获得回报的高风险做法。如果你**有勇气逆潮流而动，也有比其他人更准确地预测房地产市场走势的专业知识，**那么可以捡到便宜，并且能获得巨大的利润。

# 第十四章　不要低估你的财富 面临的风险

　　糟糕的投资不是你的财富所面临的唯一风险——还存在许多人低估了的众多潜在风险，一些风险基于个人因素，另一些则基于政治或社会环境。从心理层面上讲，企业家和投资者尤其容易面临以下风险：（1）失去工作重点并过于自信；（2）过于乐观。

　　成功创造了巨额财富的白手起家者经常有高估自身能力的倾向。他们认为，自己能够点石成金。具有传奇色彩的投资人吉姆·罗杰斯（Jim Rogers）曾与乔治·索罗斯（George Soros）共同管理量子对冲基金公司，他多次告诉我，**对于一个投资者来说，最危险的时刻是在他刚刚做成一笔或几笔极为成功的投资后**。罗杰斯说，那时，投资者很容易感觉自己不会犯错，而且很难抵制开始筹划下一笔大投资的冲动。不过，对于投资者来说，暂时什么都别做、继续观察市场并等待合适的时机要好得多。通过这么做，罗杰斯本人赚了数亿美元。

另一个投资者容易犯的错误是，以为自己在一个领域的成功意味着会在一个完全不同的行业同样取得成功。宜家家居的创始人英瓦尔·费奥多尔·坎普拉德（Ingvar Feodor Kamprad）经历了惨痛教训后才发现情况并不总是如此。在家具行业赚了一大笔钱后，他决定在其他方面试试运气，于是购买了一家制造电视机的电子公司的股份。不过，他的新的商业冒险一败涂地，坎普拉德最终损失了宜家家居超过1/4的资金。①

这并不意味着尝试新的商业想法并利用你的核心专长以外的机遇永远都是错误的。比如，理查德·布兰森（Richard Branson）就通过寻找一个又一个新的挑战取得了事业上的成就，他经营唱片公司、航空公司、铁路公司、模特经纪公司以及数十家其他公司，其中包括为向有钱人推销太空旅行而成立的一家公司。在这些公司当中，有些公司要比其他公司成功得多。不过，布兰森是个例外。对于大多数人来说，失去工作重点可能非常容易让他们损失部分或者全部财富。

## 太过乐观有可能是危险的事情

指导人们赚钱的指南总是强调积极心态的重要性。不过，同样正确的是，过于乐观是公司破产、富人损失钱财的一个重要原因。

我看到过许多公司经历了比如因市场环境发生改变而出现

---

① Zitelmann, Rainer, *Dare to Be Different and Grow Rich: The Secrets of Self-Made Men*, London, 2019, 34-37.

的困难时期。在这种情况下，最初帮助公司不断壮大的乐观情绪有可能导致其破产。公司的创立者不想承认发生的情况，于是依然坚持他们的商业模式，尽管局外人早就明显看出在新的市场环境下，旧的商业模式已经无法发挥作用。

该企业家因过去成功克服了看似不可能逾越的障碍而产生的自信早晚会被证明具有毁灭性的影响。过去的成功会让他进一步确信他会再一次克服逆境，而无视有些时候再多的自信也没有意义的事实。

心理学家将这种盲目称为"选择性感知"：条件越艰苦，我们往往就越只看到机遇而非风险，并忽视会迫使我们质疑最初决定的各种情况。换句话说，我们彻底忽略了一切"负面"信息。

在这种情况下，企业的所有者或投资者会将任何想要提醒他注意"警报"的人斥为"失败主义者"或"想法消极的人"。他身边的人或许能够更加客观地评估负面结果的风险，但是不愿意讲出自己的想法，或者只会极其谨慎地这样做。相反，和他一样过于自信并抱着没有根据的乐观态度的人会受到鼓舞，愿意表达自己的观点，因而强化并助长他执迷不悟地"固执己见"的决心。

## 企业家对风险视而不见吗？

企业家通常被认为极富冒险精神。初创企业后来高比例的破产情况当然支持了这一看法。实证研究并未在创业成功和冒险意愿之间建立明确的联系。这些研究所表明的是，愿意冒险的人更有可能创办企业——不过并不一定更有可能运作一家成功的企业。1999 年，埃娃·施密特-罗德蒙德（Eva Schmitt-Rodermund）和赖纳·K. 希尔伯艾森（Rainer K. Silbereisen）发现，直接调查创业成功与冒险意愿之间关系的为数不多的几项研究"并未证明就企业家冒险的意愿而言，成功与破产的公司之间，或者发展迅速和发展缓慢的公司之间有任何分别"。另外，更大的风险耐受力似乎的确与"创业过程"存在联系。①

美国的一项关于人格特质与创业成功之间关系的研究表明，成功与冒险意愿之间或许存在非线性关系。虽说一定水平的冒险意愿与创业成功之间存在着积极的联系，但是冒险意愿高出这个水平就会产生负面影响。研究人员这样总结："成为一名企业家是冒险的，但是以冒险的方式做生意可能是危险的。"有些研究甚至证明"冒险与企业的成功之间存在负面的联系"。②

值得注意的是，企业家对于自身行为风险性的认识往往不像别人所认为的那样高。美国研究人员洛克和鲍姆一致认为"企业家并不觉得他们的商业风险像局外人所感觉的那么高。

① Schmitt-Rodermund, Eva, Rainer K. Silbereisen, "Erfolg von Unternehmern: Die Rolle von Persönlichkeit und familiärer Sozialisation," in Klaus, Moser, Bernard Batinic, Jeanette Zempel (eds.), Göttingen, 1999, 117.

② Schmitt-Rodermund, Eva, Rainer K. Silbereisen, "Erfolg von Unternehmern: Die Rolle von Persönlichkeit und familiärer Sozialisation," in Klaus, Moser, Bernard Batinic, Jeanette Zempel (eds.), Göttingen, 1999, 117.

这是因为企业家有很强的自信；相对于他们感知到的能力，商业风险或许看上去没那么高。如果他们真的有能力，商业风险或许客观来讲对他们而言的确不存在"①。

其他一些研究也表明，企业家并不一定比非企业家更有可能有意识地去冒险——相反，这两个人群对风险的看法不同。因此，"企业家具有较低风险感知能力，这造成了他们对风险有更大的耐受力的假象。研究表明，企业家对于模糊的商业前景的归类要比非企业家更积极"。企业家还被证明会采用直观推断法来减少在决策过程中对风险的感知。要不是因为这种"认知捷径"，许多商业决策或许永远不会做出。②

1999 年，洛厄尔·W. 比泽尼茨（Lowell W. Busenitz）公布了针对"一些企业家在冒险倾向上并无明显差异，却接受了过量的风险"的悖论所做的全面调查的结果。他调查了 176 名公司创始人，来检验关于"企业家在决策时更普遍地利用偏好和直观推断法，因此没有完全意识到与自己开创公司相关的风险"的假说。③

他的研究结果证实了这一假定：企业家的确利用直观推断

① Baum, J. Robert, Edwin A. Locke, "The Relationship of Entrepreneurial Traits, Skill, and Motivation to Subsequent Venture Growth," in *Journal of Applied Psychology*, Vol. 89, 2004, 99.

② Hisrich, Robert, Janice Langan-Fox and Sharon Grant, "Entrepreneurship Research and Practice: A Call to Action for Psychology," in *American Psychologist*, Vol. 62, No. 6, September 2007, 583.

③ Busenitz, Lowell W., "Entrepreneurial Risk and Strategic Decision Making: It's a Matter of Perspective," in *The Journal of Applied Behavioral Science*, Vol. 35, No. 3, September 1999, 326.

法来简化决策程序。比泽尼茨确定，公司创始人比高管更容易
过于乐观（过分自信），并且更容易做出在统计上并无依据的
概括。[1] 从他们的主观观点来说，他们并不比非企业家更愿意
冒险——事实上，他们往往没有意识到自己在冒险。

关于如何管理公司和创造财富的书讲的都是一些出类拔萃
的男男女女不得不在通往成功的道路上面对巨大的挑战，有时
甚至面临困境——但是他们坚持不懈，最终克服困难并取得成
功。我在《敢于不同：商业巨头白手起家的秘诀》这本书中
举了许多令人印象深刻的例子。不过，别忘了这些书讲述的只
是最终真的获得成功的人的故事。

对于公司所有者来说，常见的一种局面是，有时他们不得
不承认自己最初的商业想法不再可行，而且公司没有未来可
言。这对公司所有者和他的雇员来说都是痛苦的时刻。另外，
这只是商业生活正常的一部分，这种事情有可能发生在任何公
司——无论是看似无懈可击的大公司还是中小型公司，都一样
无法幸免。正因为如此，分散你所面临的风险并确保你的财富
没与哪一家公司绑定在一起，这对持久的财务成功具有关键
意义。

富人经常会犯这样的错误：他们将几乎所有的资金都投入
自己的公司。将你所有的利润进行再投资很可能是让你的财富
增长的最快方式。这也是一个巨大的赌博——其风险不比你将

---

[1]　Busenitz, Lowell W., "Entrepreneurial Risk and Strategic Decision Making: It's a Matter of Perspective," in *The Journal of Applied Behavioral Science*, Vol. 35, No. 3, September 1999, 332.

所有钱投在一只股票上的风险小。**永远都要让你的个人资产与你公司的资产严格分开，以此来保护你的个人资产。**

过于自信可能会让你损失全部和大部分财富。就像我们在第六章所看到的，许多百万富翁过着极其节俭的生活——不过，有些人并非如此。不管是通过担任高管获得高额薪水，还是从联合股份公司那里得到红利，在习惯于高收入稳定流入的局面后，他们往往会追求更高水平的生活。这是非常自然的——毕竟，大多数人辛苦赚钱不只是为给子孙后代留下点什么。

不过，他们有对高水平的生活产生依赖的风险——而且降低期望值要比提高期望值难得多。被过去的成功证明的乐观前景使一些富人以为未来同样光明。有些人在失去了经济基础并且开始入不敷出的时候，为了维持个人的生活方式和看起来很有钱的样子，甚至去贷款。

## 政治风险

在当今世界，最大的政治风险源自一个简单的问题：许多国家居高不下的国债以及政治人物为找到这个问题的"解决之道"所做的努力。在日本、美国和欧洲国家，官方公布的公共债务水平都达到了前所未有的高点。

近年来，金融危机和新冠疫情大大加剧了这一问题。不过，当前债务危机的根源要深得多。在过去的几十年里，西方各国的政治人物通过承诺一个又一个福利计划来获得选民的支持。第二次世界大战后的欧洲国家见证了福利国家模式的出现和发展，在这种模式下，约一半的国内生产总值（GDP）得到重新分配，这些钱部分通过税收和国民保险税筹集，部分通过发行国债筹集。政治领导人不断认真地寻觅消除所谓的"社会不公"的机会。就像阿克顿研究所的研究主任塞缪尔·格雷格（Samuel Gregg）所证实的，如今，单是欧洲国家的社会保障支出就占到"全世界社会保障支出的58%"。①

就连美国这个在许多欧洲观察家眼中仍是"不受管束的"自由市场经济活跃的国家，最近几十年的公共福利支出已经大幅增长。2010年，70.5%的公共开支用在了各种福利计划上——高于1962年用于公共开支的28.3%和1990年用于公共开支的48.5%的比例——超过6700万美国人从政府领取福利。②

正如威廉·沃格林在《永远不够：美国无止境的福利制度》（2011年）一书中所说的，美国被欧洲人视为不受约束的自由市场资本主义的大本营是个认识误区，因为几十年来美国的公共开支一直不断上涨。这个国家的债务问题不是由军事开支造成的，而是因为福利支出的大幅增长。

偿还这些巨额公共债务是不可能的事情。几乎所有西方国家都达到了借贷能力的上限。下一场金融危机会让它们彻底崩溃。

---

① Gregg, Samuel, *Becoming Europe: Economic Decline, Culture, and How America Can Avoid a European Future*, New York/London, 2013, 159.

② Gregg, Samuel, *Becoming Europe: Economic Decline, Culture, and How America Can Avoid a European Future*, New York/London, 2013, 186.

从理论上讲，有些潜在的解决办法可以减轻债务负担，具体解决办法如下：经济增长；大规模削减福利支出；提高领取养老金的年龄；增加税收，特别针对"高收入人士"和"高净值人士"；通货膨胀；金融抑制；主权债务违约。

当然，经济增长是最理想的解决债务问题的办法，美国就是依靠经济增长在第二次世界大战后摆脱了债务。不过，认为经济增长规模大到足以降低当前债务水平是不切实际的。大规模削减福利支出的选择是有限的，因为经验表明，有勇气削减福利支出的政府通常会在下一届选举中下台。

我会在本章后面的内容中回过头来谈第四个解决方法——增加针对高收入人士和高净值人士的税收。

## 欧洲央行正在玩一场危险的游戏

从理论上说，通货膨胀也是减少公共债务的一种选择。有些投资者担心银行通过"量化宽松"来解决债务危机的政策会引发通胀。迄今为止，这种情况并未发生——事实上，通胀水平正在下降，欧洲国家和美国的政治人物更担心的是通货紧缩。

不过，人们不能保证通胀水平长远来讲不会上升。自从废除金本位以来，民主和专制政权在爆发经济危机的时候都很容易采取印钞的做法，由此引发通胀和恶性通胀。彼得·伯恩霍尔茨（Peter Bernholz）在他就《货币制度与通胀》（*Monetary Regimes and Inflation*）所做的研究中证明，从 1800 年到 1914 年，在货币制度建立在金本位和银本位基础上时（拿破仑战争时期除外），通胀为零。在第一次世界大战后，包括英国和瑞士在内的一些国家恢复了金本位制。

有证据表明，黄金支持的货币体系经历通胀的可能性远远小于纯纸币（不兑现纸币）货币支持的货币体系经历通胀的可能性。正如伯恩霍尔茨所言，在以金本位为基础的货币体系之后，独立的央行被证明能够最好地发挥防范通胀的作用。从历史上看，拥有独立央行——比如以前的德意志联邦银行——的国家经历的通胀水平远远低于没有独立央行的国家经历的通胀水平。

欧洲央行的问题在于，在欧元区危机的过程中，它完全失去了自己的独立性，这意味着防范通胀的关键保护机制变得没有任何效力。

由于极低的利率水平，就算是中等程度的通胀也会导致"金融抑制"。利率低于通胀水平是多数国家当前的状况，这相当于一点点地侵蚀存款。通胀水平的提高有可能引发大范围的社会危机。政府诱发的通胀还有失去控制的风险，并且在最糟糕的情况下，导致恶性通胀。"恶性通胀"一词意味着月通胀水平超过 50%。在历史上出现的 29 次恶性通胀中，28 次发生在 20 世纪——这一统计数字确切地证明了不兑现纸币和通胀风险之间的关联。在这些极端的情况下，损失最惨重的投资者是主要投资债券的人。

主权债务违约无疑是最后一招。政府会通过大幅增加税收和要求高净值人士缴纳特别税，以尽其所能地避免这样的结果。2013 年，国际货币基金组织（IMF）曾提出收取 10% 的

"私人财富税"的建议。① IMF 在它的《征税时代》报告②中得出的结论是，"许多国家公共财政状况的急剧恶化让'财产税'——对私人财富征收的一次性税收——作为恢复债务可持续性的非常举措重新引人关注。这种税的吸引人之处在于，如果不可避免地采取了这一做法，并且人们相信这种做法永远不会重复出现，那么这种税收不会扭曲行为（征收这种税可能还会被一些人视为公正的做法）"。IMF 依据"发达经济体的平均总负债率预计会稳定保持在……历史峰值（约为 GDP 的 110%，比 2007 年的平均总负债率高出 35 个百分点）"的计算结果为这一"思想实验"找到正当的理由。

这一建议体现了一种政治共识，即在"财政困难"时期，富人不像其他人群那样更值得保护。时任法国总统弗朗索瓦·奥朗德（François Hollande）曾把征收"国家团结特别税"——亦称针对百万富翁的"附加税"——的提案作为 2012 年竞选纲领的核心内容。宪法委员会最初拒绝了这一提案，但后来通过了修改后的提案，要求雇主为年薪超过 100 万欧元的雇员暂时性地支付 75% 的税款。③ 现任法国总统马克龙那时在奥朗德政府担任经济部长，就连他这样的温和派社会党

---

① Cf. Forbes, October 15, 2013, "The International Monetary Fund Lays The Groundwork For Global Wealth Confiscation," http：//www. forbes. com/sites/billfrezza/2013/10/15/the -international -monetary-fund-lays-the-groundwork-for-global-wealth-confiscation/.

② https：//www. imf. org/external/pubs/ft/fm/2013/02/pdf/fm1302. pdf.

③ *CNN Money*, December 30, 2013, "France's 75% 'Millionaire Tax' to Become Law '," http：//money. cnn. com/2013/12/30/news/economy/french-tax-75/.

人都认为这种做法是荒谬的，抱怨说奥朗德正在让法国变成"没有太阳的古巴"。由法国参议院委托开展的一项研究表明，这一税收主要影响的是营业额不到 5000 万欧元的小公司。2014 年底，这项税收被及时废除。①

虽然你认为征收 75% 的"附加税"毫无道理，但这种做法绝非前所未有。20 世纪 70 年代，瑞典社会民主党政府将针对高收入者的税收提高到让诸如宜家家居创始人英瓦尔·费奥多尔·坎普拉德觉得别无选择只能离开这个国家的地步。1973 年，坎普拉德先是搬到了丹麦，然后去了瑞士。

3 年后，他的瑞典同胞、创作了举世闻名的《长袜子皮皮》系列的阿斯特丽德·林格伦（Astrid Lindgren）在瑞典《快报》上发表了一篇讽刺"童话"，名字是《门尼斯马尼拉王国的潘帕里泼撒》（《金钱世界的潘帕里泼撒》），以抗议对自雇人士征收过高的边际税率。按照她的计算，她本人缴纳的税超过了她收入的 100%。瑞典财政大臣公开批评这位畅销书作家失去了理智。不过，他很快收回了这样的指责，因为事实证明，林格伦实际缴纳的税率比她本人抱怨的 102% 还要高。②

面对 102% 甚至更高的税率，富人有 3 个选择：他们可以

---

① "France Waves Discreet Goodbye to 75 Percent Super-tax," Reuters, December 23, 2014, http://www.reuters.com/article/2014/12/23/us-france-supertax-idUSKBN0K11CC20141223.

② "Astrid Lindgren, Author of Children's Books, Dies at 94," *New York Times*, January 29, 2002, http://www.nytimes.com/2002/01/29/books/astrid-lindgren-author-of-children-s-books-dies-at-94.html.

自掏腰包，补上差额；采取逃税做法；或者离开这个国家。富人低估了这一风险，这让他们自己处于险境——如果在不久的将来，再发生一次金融危机，政治领导人会寻找替罪羊来为他们的错误承担责任。

2009 年，在上一次金融危机达到顶点时，民众出现了反感高管和全体富人的情绪，对银行家尤为敌视。报纸上充斥着关于"痛打银行家"事件的报道。3 月 25 日，反银行家活动人士袭击了苏格兰皇家银行前首席执行官弗雷德·古德温位于爱丁堡的家，打碎了一些窗户，毁坏了停在私人车道上的一辆汽车。① 2009 年二十国集团峰会在伦敦召开期间，许多银行家和伦敦交易员身穿牛仔裤和运动衫上班，因为他们害怕被抗议者"挂在路灯杆上"。② 抗议活动的组织者之一克里斯·奈特因为鼓动针对银行家的暴力活动遭到停职，并最终被解除在东伦敦大学人类学系的讲师职务。③ 在法国，卡特彼勒工厂愤怒的工人在公司办公楼前设置路障，挟持了四名高管作为人质，

---

① "Sir Fred Goodwin Attack: Bank Bosses Are Criminals Group Claims Responsibility," *Daily Telegraph*, March 25, 2009, http://www.telegraph.co.uk/finance/newsbysector/banksandfinance/5048091/Sir-Fred-Goodwin-attack-Bank-Bosses-Are-Criminals-group-claims-responsbility.html.

② "London Bankers Don Stiff Upper Lip for G20 Demos," Reuters, March 31, 2009, http://uk.reuters.com/article/2009/03/31/uk-g20-protest-bankers-idUKTRE52U51B20090331.

③ "Hang the Bankers! Getting Ready to Vent in London," *Time Magazine*, March 28, 2009, http://content.time.com/time/business/article/0,8599,1888153,00.html.

以抗议裁员。①

千百年来，在爆发危机时谴责不受欢迎的少数人向来是经久不衰的做法。这种"替罪羊策略"有效，是因为危机的真正原因通常不是大多数人所能理解的——**责怪"富人"远比试图理解导致崩盘的复杂经济诱因要简单得多。**

坎普拉德做出移居他国的决定或许看起来是极端的反应，但是这样做的绝不只是他一个人。莱坊发布的《2013 年财富报告》包含不同国家或地区打算离开本国或本地区的百万富翁比例的数据。拉丁美洲（73%）和俄罗斯（67%）的相关比例最高并不令人意外。不过，有 60% 的欧洲国家的百万富翁考虑移居他国，相比之下，美国只有 33% 的百万富翁考虑移居他国，澳大利亚有 26% 的百万富翁考虑移居他国。②

---

①　"Hundreds of French Workers Take Bosses Hostage," CNN, March 31, 2009, http：//edition. cnn. com/2009/WORLD/europe/03/31/france. hostages. caterpillar. workers/.

②　Knight Frank Research, *The Wealth Report 2013* .

# 后记 被嫉妒的富人以及我们的 社会为什么需要富人

在危机中，人们会浪费大量精力来找出"罪魁祸首"。欧洲的阴谋论者将攻击的矛头对准比尔·盖茨。事实是，在整个人类历史上，没有人像比尔·盖茨那样投入那么多钱来抗击疾病。尽管如此，新冠病毒阴谋论者指责他制造了病毒，这样他就可以从疫苗中为自己赚更多的钱。在德国，有一个标题为"比尔·盖茨掠夺德国"的视频在社交媒体上疯传。当然，对比尔·盖茨的指控是错误的，但这不是重点。

不管怎样，这个例子表明，富人很快就成了替罪羊，尤其是在危机时期。2018 年，我委托益普索·莫里市场调查公司在美国、德国、法国和英国进行了一项抽样调查。这项调查旨在探讨这 4 个国家各自对富人的普遍态度。我在 2020 年出版的《富人身上的目光》一书中发表了这项调查的结果，该书指出人们对富人的偏见是多么普遍。在我进行这项研究之前，研究人员对这一主题几乎没有做过研究。

自沃尔特·李普曼（Walter Lippmann）的经典著作《舆论》① (*Public Opinion*) 在 1921 年首次发表以来，研究人员一直在研究偏见和刻板印象。仅在过去几十年中，学者们就发表和出版了大量有关这个主题的文章、论文和图书。而且这些研究大多聚焦种族主义和性别歧视。然而，对职业和社会阶层刻板印象方面的研究较少。与种族主义和性别歧视一样，对社会阶层的偏见被称为阶层歧视。近年来，美国的一系列研究探讨了有关穷人的偏见和刻板印象。然而，到目前为止，对富人这个特定群体的偏见的研究很少。

社会比较研究表明，我们总是有意或无意地将自己与他人进行比较，以获得自我评价所不可或缺的数据。这种比较是自动进行的。毕竟，当我们将自己与其他相关的人进行比较时，我们才能评估自己。当一个人 A 将自己与另一个人 B 进行比较，而 B 拥有 A 想拥有但目前不具备的品质、财产或地位时，嫉妒就会被激发。事实上，这些比较往往是下意识地发生的，所以人们会倾向于否认自己的嫉妒心理。

大多数人会努力消除或尽量减少他们的嫉妒心理。他们会努力缩小和他们嫉妒的人之间的差距来做到这一点。如果没做到，嫉妒者会强调他们在与所比较领域无关的特质或特征方面的优势。比如，嫉妒者可能会说："我可能没有×××那么富有，但我受过更好的教育"，或者说"我是一个更友善的人"。另外，嫉妒者也可能会努力淡化自己处于劣势的领域的重要性，

---

① 中译本见〔美〕沃尔特·李普曼《舆论》，常江、肖寒译，北京大学出版社，2018。——译者注

强调自己处于优势的领域更重要。

当社会群体认为他们在经济上更成功、自己也更聪明时，会努力制定补偿策略来维护自己的自尊，这是很自然的。更高社会阶层的成员更容易接受社会排名标准（比如，经济成功或良好教育经历），这也是很自然的，因为他们自己处于金字塔的顶端。上层社会阶层的成员更倾向于在社会经济和文化方面与其他群体区分开来，而下层社会阶层的成员更倾向于诉诸道德标准。

美国和德国的研究表明，不太富裕的人会采用补偿策略来维护自己的自尊。这些策略一方面旨在质疑经济成功与生活满意度之间的相关性；另一方面，更重视某些价值观，如人际关系、道德和家庭生活等方面。但这还不是全部。为让不太富裕的人能够感到自己优于富人，这些策略还需要让人们普遍认同，下层社会阶层的成员在某些价值观方面可以表现得同样出色（甚至能做得更好）。工薪阶层对富人的刻板印象是：富人比较冷漠，以自我为中心，家庭生活不和谐，人际关系不理想，道德低劣，这有助于维护工薪阶层的优越性进而弥补这个阶层成员的自卑感。

"社会弱势"阶层的成员声称他们优于富人的那些共同特点主要还是基于主观性解释。如果我们使用客观衡量标准，很容易证明谁有更多的钱或受过更好的教育。对于谁拥有最好的人脉或最令人满意的家庭生活，我们很难客观衡量，需要更多地依赖于对某人婚姻质量的主观解释，外人对此几乎无法判断。

因为社会嫉妒不能通过直接的问题来衡量（比如"你有

多嫉妒他人？"），在我的调查研究项目中，被调查者收到了三种旨在作为社会嫉妒评价指标的说法："我认为大幅增加百万富翁的税收是公平的，即使我个人不会从中受益"；"我赞成大幅降低公司经理的工资，并在员工中更均匀地分配收益，即使这意味着员工每个月只能多得到几英镑、美元或欧元"；"当我听说一个百万富翁做了一个冒险的商业决定，并因此损失了很多钱时，我想：'他活该如此。'"

我们还为这项研究制定了社会嫉妒量表，不同意上述所有三种说法的人被归为"不嫉妒组"；同意其中一种说法的被调查者被归为"矛盾组"；同意其中两种或三种说法者被归为"社会嫉妒组"，这组还包括一部分"铁杆嫉妒者"，他们同意上文提到的三种说法。有33%的德国受访者属于社会嫉妒组，而有34%的法国受访者属于社会嫉妒者，有20%的美国受访者属于社会嫉妒者，有18%的英国受访者属于社会嫉妒者。由于对这4个国家的受访者都提出了同样的问题，这项调查为接下来的比较研究提供了坚实的基础。

这些比较是基于为这项研究制定的社会嫉妒系数，该系数表示任何特定国家的嫉妒者与非嫉妒者的比率。数值为1表示社会嫉妒者和非嫉妒者的数量相等。小于1的数值表示非嫉妒者多于嫉妒者；相反，大于1的数值表示嫉妒者多于非嫉妒者。正如社会嫉妒系数所显示的，法国的社会嫉妒程度最高（1.26），其次是德国的社会嫉妒程度（0.97），美国（0.42）和英国（0.37）的社会嫉妒程度明显要低得多。

嫉妒者和非嫉妒者在对富人的看法上有很大差异，社会嫉妒量表在区分这两个群体时的准确性从他们对富人性格特质的归因中可以明显看出。嫉妒者（那些同意上述三种说法中的两种或三种的人）最倾向于认为富人的性格特质是以自我为中心、无情、充满物欲、傲慢、贪婪、冷漠和肤浅。嫉妒者提到的 25 个性格特质中只有勤奋和大胆这两个是积极的，另外 23 个都是消极的。相比之下，非嫉妒者最倾向于将富人的性格特质归结为勤奋、聪明、大胆、实利主义、富有想象力和有远见。

这项调查中有一个问题旨在找出这 4 个国家的人对替罪羊的敏感程度。受访者被问及是否同意以下说法："那些非常富有、想要越来越多权力的人应该为世界上许多重大问题负责，比如金融或人道主义问题。"在法国，33% 的人对此表示赞同。在德国，50% 的受访者对此表示赞同，是英国和美国对此表示赞同的受访者的约 2 倍（英国和美国的相关受访者分别为 25% 和 21%）。这一发现表明，在严重的经济动荡时期，德国更容易利用民众对富人的敌意，而且德国政客比英语国家的政客更有可能将问题归咎于富人。

嫉妒者极容易倾向于寻找替罪羊，这再次证实了社会嫉妒量表在区分嫉妒者和非嫉妒者方面的准确性。在德国，有 62% 的嫉妒者，但只有 36% 的非嫉妒者。其他国家的情况也类似。而且，在被调查的这 4 个国家中，对替罪羊问题的回应持赞同意见的受访者更可能是零和主义者。对于"富人拥有的越多，留给穷人的就越少"这种说法，持赞同意见的受访者在德国有 60%，在美国有 65%，在法国有 69%，在英国有 57%。与之形成鲜明对比的是，对于这种说法持反对意见的受访者，在德国只有 35%，在美国只有 24%，在法国只有 41%，在英国只有 30%。

如果富人真的无所事事，都是些不愿意工作的游手好闲者，将幸运地继承来的财富肆无忌惮地用炫耀性消费挥霍一空，那么没有这样的人，我们会过得更好。当然，这样的人的确存在，就像靠不道德甚至违法手段发财的人同样存在一样。

不过，在大多数情况下，这样的陈词滥调远非事实。在 5 名高财富个人当中，差不多有 4 个人是企业家或自雇人士。就算在最富有的人中，许多人要么是公司的创始人，要么是负责运作其父辈开创的公司的家庭成员。你不会对他们的故事陌生：杰夫·贝佐斯是美国最富有的人之一，他创立了亚马逊；霍华德·舒尔茨在美国一个穷人聚居区长大，他的父亲是体力劳动者，霍华德通过将星巴克咖啡连锁店发展到全球，赚了超过 20 亿美元；谷歌公司的创始人谢尔盖·布林和拉里·佩奇关于网上搜索引擎的想法被证明非常了不起，让他们成了富人，与脸书创始人马克·扎克伯格不相上下。这些人对我们生活的这个世界的面貌产生了深远的影响。

那么财富是继承而来的人呢？正如很有影响的美国经济学家米尔顿·弗里德曼（Milton Friedman）所指出的，目前存在着认为继承而来的财富不如通过个人努力获得的财富更受欢迎的倾向，"个人能力差异或者个人所积累财富的差异所导致的不平等被认为是合理的，或者至少不像继承而来的财富所导致的差异那么明显不合理"[1]。

另外，我能理解通过个人努力获得的财富为何会得到与继承

---

[1]　Friedman, Milton, *Capitalism and Freedom*, Chicago, 1962, 164.

而来的财富不同的对待。毕竟，前者是辛苦工作的结果，是值得自豪的东西，而后者则是幸运所致——是人生在富裕家庭的结果。

不过，弗里德曼用来反驳的论点也值得思考："'一个人有权享有他通过个人能力创造的东西或者他积累的财富成果，但无权将财富传给子女'，这种说法似乎是不合逻辑的；这相当于说一个人可以用自己的收入过放纵的生活，却不能将财富留给子女。"①

如果你认为继承而来的财富是世界"不公平"的表现，那么想必有些人继承而来的美貌同样是"不公平"的表现。伦敦政治经济学院社会学教授凯瑟琳·哈基姆（Catherine Hakim）曾进行过一系列研究，证明美貌在劳动力市场上构成巨大的竞争优势。她发现，长相好的人获得的平均工资更高，而且让人感觉更有能力、更聪明。② 就连在法庭上，在其他所有情况都相同时，相貌迷人的被告被认为有罪的可能性更低。③ "对性感资本很宝贵这种观念有异议的人通常抱怨说，美貌是遗传而来的，因此不能或者不应该有价值。然而，智力在很大程度上也是天生的，却很容易被赋予价值并获得奖励"④。

无论如何，不配拥有财富的继承人往往会在守住财富方面遇到麻烦。关于这种不够格的继承人的例子多得数不清，事实

---

① Friedman, Milton, *Capitalism and Freedom*, Chicago, 1962, 196.

② Hakim, Catherine, *Erotic Capital: The Power of Attraction in the Boardroom and the Bedroom*, New York, 2011, 144.

③ Hakim, Catherine, *Erotic Capital: The Power of Attraction in the Boardroom and the Bedroom*, New York, 2011, 138.

④ Hakim, Catherine, *Erotic Capital: The Power of Attraction in the Boardroom and the Bedroom*, New York, 2011, 159.

证明他们没有能力应付继承而来的财富或公司，最终将一切挥霍一空，不过这很可能需要不止一代人的时间。德国作家托马斯·曼（Thomas Mann）在他的小说《布登勃洛克一家》中，以令人印象深刻的笔触描绘了一个富有且有声望的商人家族的逐渐没落。在子嗣们被证明不配拥有他们掌握的大笔财富后，"公正"重现。长远来看，只有值得拥有他们所掌握的财富的人才能够守住财富。

许多人对富人的怨恨大多出于嫉妒。当然，大多数人否认他们嫉妒他人。在我的一些演讲活动中，我要求听众以 10 分的嫉妒程度来给自己打分，从 1 分（一点都不嫉妒）到 10 分（非常嫉妒）。我的大多数听众给自己打了最低分。显然，几乎没有人愿意嫉妒他人，更不用说承认自己嫉妒他人了。即使在匿名调查中，嫉妒也是最难衡量的情绪之一，因为人们一般认为嫉妒是一种不受欢迎的情绪。这在政治讨论中更是如此。一旦有人指出某些人的需求可能是嫉妒的表现，他们就会以条件反射式的愤怒予以反驳。

比如，反对更大规模再分配的人有时会解释说，从富人那里再分配更多的收入或财富对穷人来说几乎没有多少经济收益。在某些情况下，他们解释说这种做法甚至可能会适得其反。支持对富人征税的人有时会说，从数学上来说这是正确的，但这根本不是重点。他们说，重要的是，这种做法会产生象征性效果，而且它表达了某种"正义感"。但是，这种"象征性效果"是什么呢？它无非是一种满足感，当从富人那里拿走东西时，人们不会受到征收财富税的影响。

一个社会越宣扬平等原则，这个社会内部的嫉妒就越强烈。因为如果一个社会的所有成员都被认为是平等的，尽管在现实中远非如此，任何社会差异都会被愤怒地贴上"社会不公正"的标签。比如，在德国，男女之间的收入差异仅为6%，却被斥为巨大的丑闻和公然的不公正的表现。有趣的是，在所有这些讨论中，"平等"和"公正"越来越多地被当作同义词。当人们抱怨所谓的缺乏"社会公正"时，他们通常的意思是，他们喜欢的"平等"太少了。

那么，为什么人们不愿意承认嫉妒呢？在基督教传统中，嫉妒只是七宗罪中的一种，尽管人们很难承认其他罪。欲望、愤怒甚至懒惰都远不及嫉妒那么让人避讳。因此，心理学家试图解释为什么嫉妒是一种"伪装"的情绪，为什么几乎没有人愿意承认嫉妒。

嫉妒始于嫉妒者意识到别人拥有自己想要的东西。这种认识必然会引出以下问题："为什么我没有？为什么他们成功地实现了我无法实现的目标？"这些问题很容易导致人丧失自尊心。对方是否比你更聪明或更有创造力？嫉妒者通常使用两种策略来维护自己的自尊心。一种策略是，他们否认自己曾经真正想要他们嫉妒的对象所拥有的财富或地位。因此，嫉妒者告诉自己，无论对方拥有什么，都不那么重要。另一种策略是，嫉妒者可以将他们嫉妒的对象的成功归因于运气、使用道德上令人遗憾的方法或不公平的优势等。

嫉妒者不愿意承认嫉妒还因为如果公开承认自己嫉妒，那么他们为消除嫉妒原因而采取的任何行动都将被认为是不合法的。这个原因首先与政治领域有关。重要的是要明白，嫉妒者总是否认他们是出于嫉妒，而坚持认为他们唯一关心的是

"社会公正"。

那些承认曾经嫉妒过他人的人有着不同的辩解策略。他们重新解释了自己的嫉妒心理，坚持认为嫉妒也是一种积极的情绪，以及有助于改善自身处境的激励情绪。事实上，一些研究人员甚至区分了"恶意"嫉妒和"善意"嫉妒。恶意嫉妒的目的是从另一个人身上拿走一些东西；而善意嫉妒是行动力的来源，是嫉妒者通过模仿别人并改善自己的处境来缩短与被嫉妒者之间的差距。因此，嫉妒被重新解释为一种积极、鼓舞人心的情绪。然而，在现实中，这不是嫉妒，而是钦佩。在日常生活中，你可能会说："你有这么漂亮的汽车。我羡慕你。"你真正的意思是："我羡慕你有那辆漂亮的汽车。"这不是真正的嫉妒，而是羡慕、渴望或向往。

嫉妒者真正想要的结果是让他们嫉妒的对象失去所拥有的东西，在这种情况下如果那辆漂亮的汽车"消失"了，嫉妒就会消失。如果嫉妒者为自己买了同一款汽车，他们的嫉妒不会自动消失。因此，大多数研究嫉妒的学者同意，嫉妒是一种彻底的破坏性情绪，不存在"良性"或鼓舞人心的嫉妒形式。

到目前为止，研究嫉妒的学者很少关注嫉妒对嫉妒者的影响。美国投资者、亿万富翁沃伦·巴菲特认为，"在七宗罪中，嫉妒是最愚蠢的，因为嫉妒他人的时候，你不会感觉更好。你会感觉更糟"[1]。社会学家发现，嫉妒与抑郁、不快乐

---

① Buffett, Mary, David Clark, *The Tao of Warren Buffett: Warren Buffett's Words of Wisdom: Quotations and Interpretations to Help Guide You to Billionaire Wealth and Enlightened Business Management*, New York, 2006, 101.

和自卑有着非常密切的联系。嫉妒不是一种好感觉。在这一点上，嫉妒与其他一些致命的罪过截然不同。一想到别人的幸福和成功，嫉妒者就会痛苦。当别人做得好时，他们会感觉很糟糕。当别人做得不好时，他们会感到快乐。毕竟，这让他们可以尽情享受恶意的喜悦。

最重要的是，嫉妒并不能帮助嫉妒者自己取得成功。毕竟，嫉妒者不会试图以他们所嫉妒的人为榜样，通过学习来提高自己的地位——这是将嫉妒视为一种鼓舞人心的情绪是错误的又一种解释。相反，嫉妒者将他们的嫉妒对象取得的成功视为命运、运气、机会或道德上应受谴责的行为的结果。

"运气"这种说法尤其流行。将成功解释为主要是因为机会和运气的书籍如此受欢迎。事实上，成功人士自己在回答他们为什么取得成功时会说是他们的"运气"好，这让事情变得更加复杂。社会学者赫尔穆特·舍克（Helmut Schoeck）认为，当成功人士指出是他们因为运气好才取得成功时，他们这样做是对嫉妒的无意识防御，"一名运动员、学生或商人刚刚享受了一次特别甜蜜的成功（对其他人来说，这会引起嫉妒），然后他耸耸肩说：'那又怎样，我只是幸运'……他这样做，在很大程度上是无意识的，他在寻求消除可能针对他的嫉妒"[1]。当一个非常成功的人宣称"我只是幸运"时，他的这种说法会比提到自己杰出的才智或非凡的个性更讨人喜欢、更人性化、更令人愉快。

---

[1] Schoeck, Helmut, *Envy: A Theory of Social Behavior*, Indianapolis, 1966, 285.

舍克观察到，彩票中奖者被嫉妒的概率是最低的，因为他们的财富是纯粹靠运气得来的，而不是因为取得的个人成就或功绩。毕竟，舍克评论道，没有妻子会因为丈夫买错彩票未能中奖而唠叨，也没有人会因为在彩票方面一再选错号码未能中奖而自卑。我为写《富人身上的目光》这本书委托的一项调查从经验层面证实了舍克的怀疑。当受访者被问及他们认为谁最应该成为富人时，非嫉妒组的德国人中71%的人选择了自雇人士，69%的人选择了企业家，彩票中奖者以49%排名第四。嫉妒组的德国人的情况截然不同。当被问及他们认为哪个群体最值得拥有财富时，彩票中奖者以61%的比例位居第一，只有49%的人选择了自雇人士，只有33%的人选择企业家。

不过，如果你指责那些抨击富人的人是受嫉妒驱使，他们会立刻动怒，并言之凿凿地向你保证"抨击富人与嫉妒无关"。当然，受嫉妒驱使的人向来否认可能出于嫉妒的任何说法。不过正如舍克所言，嫉妒这种行为"不可避免地深深植根于人类生物学和存在状态"①。

舍克还论述了嫉妒在围绕财富再分配展开的政治辩论中所发挥的作用。② 比如，就连大力支持极端的累进税政策的人也通常会承认，这种政策给国库带来的额外收入非常有限。就算是这种确凿的事实和计算结果也不大会让他们动摇。相反，他们会觉得必须要表明，增加的收入是次要的，而"象征性效

---

① Schoeck, Helmut, *Envy: A Theory of Social Behavior*, Indianapolis, 1966, 415.

② Schoeck, Helmut, *Envy: A Theory of Social Behavior*, Indianapolis, 1966, 353.

果"才是这种政策的真正意义所在。不过，这种政策缓解了有些人的负面情绪，他们尽管没有得到任何实实在在的好处，在得知富人将会有更大一部分收入或财富被拿走的时候，却会产生某种满足感。

舍克还认为，富有的人经常——而且可能是无意识地——将自己在经济上取得的成功归结为"运气"，试图以此来"消除任何潜在的嫉妒"①。相对于别人更胜一筹的能力而言，人们不大可能怨恨那些幸运的人。你说"我只是幸运"听起来要比指出成功可能源于高于常人的精力、创造力或智力更容易让旁人接受。

为什么人们往往不像嫉妒成功的企业家和高管那样嫉妒成功的运动员和流行歌星？虽然顶尖运动员拥有比企业家或高管更高的收入，但他们得到的是赞赏而不是嫉妒。2013 年，大众汽车公司的老板马丁·温特科恩因 1500 万欧元的年收入成为当时所有 DAX 上市公司首席执行官中收入最高的人，不过他的年收入与利昂内尔·梅西（2013 年年收入：4100 万欧元）或克里斯蒂亚诺·罗纳尔多（2013 年年收入：3950 万欧元）相比，显得逊色多了。② 值得一问的是，与领导一家在 2014 年生产了 1000 多万辆汽车并雇用了 50 多万人的公司的首席执行官所做的工作相比，罗纳尔多在绿茵场上的球技是否真值得让他拿到约 2.6 倍于前者的收入。不过，公众嫉妒温特科

---

① Schoeck, Helmut. *Envy: A Theory of Social Behavior*, Indianapolis, 1966, 263.

② 足球球员的年收入包括工资、奖金和赞助协议所带来的收入。法国杂志《法国足球》发布顶尖足球球员总收入的年度排名。

恩赚取 1500 万欧元的可能性似乎要比嫉妒罗纳尔多拿 3950 万欧元的可能性大得多。

这在一定程度上或许是因为相对于高管赚取高薪的工作而言，运动员的表现更容易获得公众认可和评估。不管怎样，"公正"在体育界定义起来非常简单：取得多大成绩就拿多少工资。谁能把足球踢得像利昂内尔·梅西或者克里斯蒂亚诺·罗纳尔多那么好，也可以拿到同样高的报酬。我们尚不清楚这会对常说的"社会公正"的概念有何影响。诺贝尔奖得主弗里德里希·奥古斯特·冯·哈耶克（Friedrich August von Hayek）称社会公正为"海市蜃楼"，更多的是"破坏了个人自由的司法保障"[①]。

有些人之所以认为向高管支付高工资不公平，是因为他们不了解这些工资背后的计算方法。**如果收入是基于工作的辛苦程度，那么护士赚得比高管少的确是不公平的事情。这个世界上没有哪家公司在计算薪酬时主要基于员工所花费力气的大小。**相反，薪酬主要基于一个人所掌握的技能有多么稀缺以及他或她被取代的难度有多大。在顶尖经理人的国际就业市场上，薪酬是由同样的供需法则来决定的。

当然，监事会有时会犯错误，聘请到的高管被证明不配获得向他们支付的高薪。出现这种情况时，承担损失的是公司所有者或者股东，而不是公众。同样，一名足球运动员最终的表现可能配不上他新加入的俱乐部为他支付的转会费，因为他的

---

① Friedrich August von Hayek, in Habermann, Gerd, *Freiheit oder Knechtschaft? Ein Handlexikon für liberale Streiter*, Munich, 2011, 184.

表现与预期的不符。在这种情况下，损失是俱乐部承担的，而不是公众承担的。

时不时地就会有人建议，公司首席执行官和收入最低的员工的薪酬差距应该有一个法定上限。瑞士甚至就这一问题举行过公投，不过瑞士人非常明智，没有采纳这样的建议。

还是以足球为例，这一做法的后果显而易见。我们假设拜仁慕尼黑队收入最高的球员的工资不能超过收入最低球员的20倍。为了保持竞争力，这家俱乐部要么将收入最低者的工资提高到自己在经济上难以承受的地步，要么就只能凑合着起用三四流的球员，因此在欧洲冠军联赛连一场胜利都无法获得。**强制要求一家公司付给高管的薪酬不能超过勤杂工的20倍也会产生类似的灾难性后果。**

顺便说一句，没有证据表明引入这种上限真的会满足公众对于平等的渴望。社会学家赫尔穆特·舍克怀疑："**给工资设定一个低水平的上限对于解决如何让收入分配真正实现公平的问题起不到任何作用。情况正相反：上限定得越低，各个级别的收入越相近，一些人就越纠缠并嫉妒余下的差距。**"[1]

富人、高管和企业家更是经常被迫为自己的富有辩解。或许这就是要"对社会有所回馈"的理念的由来，这种想法似乎不仅受公众的欢迎，还得到了富人自己的认可。针对"德国的财富"所做的研究表明，2/3的富人认同这种想法："与不富裕的人相比，富人承担着更多的社会责任，因此应该捐出

---

[1] Schoeck, Helmut, *Envy: A Theory of Social Behavior*, Indianapolis, 1966, 73.

更多的钱。"① 52%的德国富人为社会事业捐款，43%的德国富人为危机和救灾捐款。② 几年前，亿万富翁沃伦·巴菲特和比尔·盖茨发起了"捐赠誓言"行动，全世界最富裕的204人已经加入了这一行动，其中包括甲骨文公司的创始人拉里·埃里森、CNN创始人特德·特纳和脸书创始人马克·扎克伯格，他们都承诺至少捐出一半的财富。

不过，就算是这样的捐赠也受到了一些人的批评，他们认为让富人处置自己的钱并支持他们自己选择的事业是不民主的。在这些支持政府发挥强有力作用的人看来，确保"公正"的唯一办法是以税收的形式拿走富人的大部分财富，然后让政客来决定拿这些钱做什么。

无论如何，捐赠都不是富人如何造福社会这个问题的答案。他们给我们带来的好处并不主要在于他们的慈善活动，而在于这样一个事实，即他们开创并运作的公司是我们国民经济的基础，他们开发的产品和科技让我们生活得更美好。本书的大部分读者会拥有微软公司开发的软件，用谷歌在网上搜索。他们还很可能时不时地去星巴克喝咖啡，并且通过脸书与朋友保持联系。

---

① Sehity, Tarek el, Anna Schor-Tschudnowskaja, "Vermögende in Deutschland. Die Perspektiven der Vermögensforschung," in Lauterbach, Wolfgang, Thomas Druyen, Matthias Grundmann (eds.), Wiesbaden, 2011, 164.

② Sehity, Tarek el, Anna Schor-Tschudnowskaja, "Vermögende in Deutschland. Die Perspektiven der Vermögensforschung," in Lauterbach, Wolfgang, Thomas Druyen, Matthias Grundmann (eds.), Wiesbaden, 2011, 119.

成立这些公司的人不完全是为了追逐金钱，不过金钱的确发挥了奖励的作用，奖励他们开发出造福我们的实用产品并承担自主创业的商业风险。

尤其是学者往往对财富和资本主义制度有疑虑。几百年来，学者一直梦想着乌托邦社会，在这样的社会，每个人都是平等的，没有人比其他人拥有得更多或更少。不过，在现实中，这样的乌托邦并没有带来更多的公正与财富——恰恰相反，只要有人试图将它们变为现实，就会带来经济的衰退和人类的苦难。

很有影响力的宗教领袖兼演说家威廉·J.H. 伯切尔（William J. H. Boetcker）牧师在 1916 年出版的一本名为《十诫》（*The Ten Cannots*）的小册子中告诫批评资本主义制度的人。

不能通过阻止富足来实现繁荣。

不能通过弱化强者来强化弱者。

不能通过贬低大人物来帮助小人物。

不能通过扳倒发工资的人来扶助挣工资的人。

不能通过摧毁富人来帮助穷人。

不能用借来的钱建立健全的保障。

不能通过煽动阶级仇恨来加强手足之情。

不能通过入不敷出来让自己免除麻烦。

不能通过消灭人的主动性和独立性来培养性格与勇气。

就算是对我们的经济制度并不持全盘否定态度的许多人也批评所谓的"社会不公正"，也就是富人拥有的东西远比穷人要多并且两者之间的差距不断扩大的现象。反全球化人士将诸如美国这样的国家的贫富差距的日益扩大归咎于"全球化"。全球化真的带来了更多的不公正吗？联合国的一项研究发现，最近50年来，在降低全球贫困方面所取得的成就比之前500年的成就都要大。①

的确，在许多地方，仍然存在饥荒和苦难，而且谁也不该漠视这些。不过，与常见的一种误解正好相反的是，备受污蔑的资本主义制度及其倡导者——"富人"——并非痛苦与苦难的来源。饥荒依然盛行的非洲国家是因为缺乏经济自由而不是经济自由过度而受苦受难。

比如，1820年，全球94%的人口生活在极端贫困中。到1910年，这一比例下降到82%；到1950年，又进一步下降到72%。然而，这一比例最大幅度和最快的下降发生在1981年（44.3%）至2015年（9.6%）。200年前，全世界只有大约6000万人没有生活在极端贫困中。今天，超过65亿人没有生活在极端贫困中。仅1990~2015年，全世界就有12.5亿人摆脱了极端贫困，相当于每年有5000万人、每天有约13.7万人摆脱极端贫困。

最近几十年，预期寿命方面的进展尤为明显。1900年，全世界的平均预期寿命为31岁，如今这项指标已经达到71

---

① Chiwitt, Ulrich, *Kapitalismus. Eine Liebeserklärung. Warum die Marktwirtschaft uns allen nützt*, Weinheim, 2012, 168–169.

岁，而且在大多数国家——其中包括第三世界国家——预期寿命还在以每年增加几个月的速度保持着增长。

许多数据表明，自市场经济取得胜利以来的 200 年，人们的生活得到大幅改善。1860 年以来，美国工薪阶层的平均工作时间每周减少了 25 小时。此外，大多数人进入职场也较晚，并能提前退休，退休后寿命更长。所有这些积极的发展都归功于技术进步和使这一进步成为可能的经济体系。一项持续了 40 年涵盖 180 个国家的研究表明，社会中最贫穷者的收入的几乎每一次增长比率都倾向于基本接近一个国家的平均增长率，而非社会收入再分配的结果。

市场经济的优势在中国尤为明显。中国的减贫速度在人类历史上是无与伦比的。中国的做法在人类历史上是独一无二的。这种积极的发展始于改革者邓小平的口号"让一部分人先富起来"。

这并不是说全球化的影响绝对是积极的。由于技术上的进步，全球化让西方工业化国家的工人与他们在发展中国家的竞争对手之间的对立比以往任何时候都更加严重。商业伦理学家乌尔里希·希维特（Ulrich Chiwitt）认为，发达国家中产阶级对全球化的批评"事实上不过是他们采取的防御策略，他们担心来自发展中国家的竞争让自己的收入下降"。[①]

大多数支持反全球化运动的往往是这样一些学者，他们一

---

① Chiwitt, Ulrich, *Kapitalismus. Eine Liebeserklärung. Warum die Marktwirtschaft uns allen nützt*, Weinheim, 2012, 173.

向批评资本主义制度并认为"全球化"是资本主义又一个应予以谴责的形式。当然，关于全球化拉大了发达国家的穷人与富人、输家（主要是在发达国家）与赢家（主要是在发展中国家）之间差距的说法是有道理的。从德国或美国工人的角度讲，痛批贫富差距的拉大是正当的反应。

克里斯蒂娅·弗里兰（Chrystia Freeland）在其《超富》一书中援引了美国某技术供应商首席财务官的话，此人说："我们对薪资水平的要求比世界其他人对薪资水平的要求高。当然如果你要提出10倍的薪资要求，你就需要提供10倍的价值。这听起来很残酷，但或许中产阶级人士有必要做出接受降薪的决定。"①

**关于富人的许多流传甚广的陈词滥调是基于偏见。**毕竟，在大多数人所认识的熟人中，没有称得上百万富翁的人，更别说亿万富翁了。你认识的人当中，有多少拥有数亿甚至数十亿美元或者欧元？

大多数人通过媒体上的报道形成了对富人的看法，而这些报道用耸人听闻的内容炒作了一些很少见的说法：高管在让公司濒临破产后，得到了数百万美元的丰厚遣散费，企业家在纳税上骗取政府数百万美元。这些说法进一步强化了关于金融界精英从整体到个人都很贪婪的陈词滥调。

我想再用商业伦理学家乌尔里希·希维特的一段话来反驳这样的陈词滥调："贪婪绝不是拿着高工资的人所独有的。它

---

① Freeland, Chrystia, *Plutocrats: The Rise of the New Global Super Rich and the Fall of Everyone Else*, New York, 2012, 272.

影响着各个社会阶层的人，不管他们是低级别的雇员还是首席执行官，是失业的工人还是百万富翁。并不是所有未能在生活中创造财富的人都对贪婪有免疫力，也不是财富会自动让人变得贪婪。"①

史上最具影响力的社会学家之一马克斯·韦伯（Max Webber）将"资本主义精神"与新教徒职业伦理联系在一起。他强调贪婪一直存在。正如韦伯所言："古罗马贵族或现代农民的贪婪能够经得起任何比较。"② 相反，新教徒的勤劳、节俭与节制、绝对可靠和诚实塑造了资本主义精神。

虽然媒体对于"贪婪的高管和银行家"的报道暗示着这种精神的彻底丧失，但我在第六章中引用的一些研究结果表明，它仍然存在于德国以及美国大批金融界精英身上。

"富人"究竟在用他们的钱做什么？他们的财富规模越大，用于再投资的数额往往就越大，比如在股票或其他形式的公司股份上的投资额就越大。这样一来，他们让整个经济有急需的资金可以使用。当然，富人做这些投资，是因为他们渴望自己的利益扩大、财富增加，而不是出于无私的动机。不过，社会从这样的结果当中获得了好处。

乔治·吉尔德（George Gilder）在他的大作《财富与贫穷》中认定，富人发挥着非常重要的作用，他们提供"无任何负担、不带官僚色彩的现金。事实上，大批富人的确扮演了这一

---

① Chiwitt, Ulrich, *Kapitalismus. Eine Liebeserklärung. Warum die Marktwirtschaft uns allen nützt*, Weinheim, 2012, 192.

② Weber, Max, *The Protestant Ethic and the Spirit of Capitalism*, London/Boston, 1930, 57.

角色。他们只有一小部分钱是被消费掉的。大部分钱流向了雇用劳动力并向消费者提供商品的生产机构。富人仍然是经济中可自由支配资本的主要来源"①。

当然，富人的确会花钱购买实用性值得怀疑的奢侈品。但是许多我们如今认为理所当然的日常用品也曾被当成不必要的奢侈品。以自来水和室内卫生间为例，它们在19世纪仍被认为带来奢侈享受。直到1940年，德国所有的工人阶级家庭中，还有14%没有用上电，此外，将近1/4的家庭没有自来水，96%的家庭没有浴室。如今，在所有工业化国家，这些东西都被认为是基本的必需品，甚至连社会上比较贫困的人也买得起电视和手机。

我记得有一段时间，加强乘客安全性的安全气囊或自动刹车系统被认为是只有富人才能负担得起的奢侈品。如今，几乎所有汽车都配备了它们，如此一来，驾驶对于每个人来说都变得更加安全。从这方面来讲，即使有些富人所沉迷的炫耀性消费也可以惠及所有人，因为这推动了那些在刚进入市场时超出大多数人经济承受能力的商品的生产。由于大规模生产和技术上的进步，许多商品后来成为公众也可以使用的东西。

"起初只有极少数人能负担得起的东西成为巨富的身份象征，因此似乎也是其他人所向往的。接着，一度让人负担不起的奢侈品的价格开始下降，如今这些奢侈品成了有意或无意努力模仿金融精英的中产阶层人士可以承受的东西。富人现在需

---

① Gilder, Georg, *Reichtum und Armut*, Berlin, 1981, 93.

要新的身份象征，因为旧的身份象征早就已经大众化，不再有效。于是这样的循环又重新开始。"①

不过，公众围绕财富和再分配展开的讨论往往忽视了这些因素。政客们喜欢通过建议增加高收入者的纳税额来讨好选民，因为"是他们要做点贡献的时候了"。真实的情况是，由于累进税制，富人做出的贡献已经远远超出公平的份额。以德国为例，个人所得税总收入的 41.8%是由收入最高的 5%的人缴纳的。②

我们已经变得对歧视少数派的做法非常敏感，也理应如此。不过，法国前总统弗朗索瓦·奥朗德说了"我不喜欢富人"这样的话后，却没有受到任何惩罚。设想一下，一名政治领导人承认不喜欢其他任何一个少数群体会令多少人愤慨！在当今世界，"富人"、"高管"或"银行家"组成的群体或许是唯一一个任何人仍可以尽情歧视的少数群体。事实上，公开声明歧视他们会让你受邀上谈话节目，并让你赢得公众的支持而非愤慨。

当亿万富翁及全球最大的奢侈品制造商法国酩悦·轩尼诗-路易·威登集团的首席执行官贝尔纳·阿尔诺（Bernard Arnault）宣布他有意成为比利时公民时，法国左翼报纸《解放报》上刊登了《滚吧，有钱的混蛋！》这样的文章。和阿尔诺一样，在奥朗德将针对收入最高的人群的税率提高到 75%

---

① Rickens, Christian, *Ganz oben. Wie Deutschlands Millionäre wirklich leben*, Cologne, 2012, 114.

② 联邦统计局：《2010 年德国个人所得税统计数据》，发布于 2014 年 7 月 28 日。

以后，法国许多最有钱的公民有遭到排斥、不受欢迎的感觉。他们当中有许多人考虑离开这个国家。有些人真的离开了，给法国经济造成了损失。

乔治·吉尔德认为："在富人当中，既有资本主义的化身，也有它的缩影；既有它的英雄人物，也有最恰如其分的恶魔；既有对抱负的关注，也有进取心的来源；既有资本主义变幻莫测的力量，也有它致命的弱点。富人（财富的承载者）得到怎样的对待以及他们如何看待自己是衡量资本主义经济健康与否的关键尺度。"[①]

不过，富人对于他们遭到误解并且没有得到应有的赏识也负有一部分责任。他们没有参与公开讨论从而确保公众认识到他们为社会所做贡献的价值与好处。只要富人受到自我怀疑情绪的困扰——"对社会有所回馈"的理念就体现了这一点——他们就不该惊讶于其他社会成员对他们缺乏理解与赞赏。

我的观点是，"回馈社会"的想法暗示着富人先从社会拿走了什么。它是基于一种简单但完全被误导的观点，即我们的经济是一场零和博弈，就因为穷人是穷人，富人才得以成为富人。

在人类历史上，向来存在着富人与穷人，以后也会如此。唯一的区别在于，在当今世界，我们有比过去更多的机会成为富人。就在30年前，像脸书、谷歌或亚马逊这些将自己的创始人马克·扎克伯格、谢尔盖·布林和杰夫·贝佐斯在短短几

---

[①]　Gilder, Georg, *Reichtum und Armut*, Berlin, 1981, 78.

年里变成亿万富翁的初创企业还不可能存在。全球化和互联网为世界各地的年轻人敞开了机遇之门。

美国加利福尼亚州的硅谷已经变成了创新中心，投资者和年轻的企业家与风险投资人及来自斯坦福大学和伯克利大学的学者在这里接触。类似的情况现在也正出现在柏林这座我生活了将近 30 年的城市中，不过公司的规模要小一些。在这里，我们也可以看到风险投资人与拥有好点子的年轻人聚在一起的生机勃勃的创业场面。互联网公司的一些开路先锋已经赚了数亿欧元，其中包括 Zalando 网上电子商城和火箭互联网公司的创始人及出资人。[①] 这些新成立的公司在几年之后还会剩下多少仍有待观察。但是这并不重要。**重要的是驱使这些年轻人放手一搏、自主创业的企业家精神、激情和热情。**

当然，他们的行动除了由好奇心和创新冲动所驱使外，也是因为他们要追求商业上的成功和个人的财富。毕竟，最后决定一个想法或创业计划可行的是商业上的成功。而决定一家企业在商业上成功的是消费者，也就是我们每个人。简单来讲，像 Zalando 这样的公司从长远来看取得成功取决于通过其网站来购买鞋子和衣服的女士们。

正如自由派思想家汉斯·F. 森霍尔茨（Hans F. Sennholz）所言："企业家的影响力来自消费者至高无上的权力。他们所得到的支持不是基于继承来的特权、习惯与传统，而是完全靠

---

① 关于这一主题，见约埃尔·卡奇马雷克关于扎姆韦尔三兄弟的著作《互联网教父》。

他们服务于社会经济唯一的'最高统治者'，也就是消费者的能力。不管企业家的财富有多么雄厚以及影响力有多大，他们都必须屈从于买主的突发奇想和心中所愿。如果没有做到这一点，他们就会失败。"①

① Sennholz, Hans F. , "Über den Abbau von Armut und Ungleichheit," in Baader, Roland（eds.）, *Wider die Wohlfahrtsdiktatur*, Gräfeling, 1995, 124.

# 参考文献

Arnold, Glen, *The Great Investors: Lessons on Investing from Master Traders*, Harlow, 2011.

Baum, J. Robert, Edwin A. Locke, "The Relationship of Entrepreneurial Traits, Skill, and Motivation to Subsequent Venture Growth, in *Journal of Applied Psychology*, Vol. 89, 2004.

Beck, Hanno, *Behavioral Economics, Eine Einführung*, Wiesbaden, 2014.

Bernholz, Peter, *Monetary Regimes and Inflation: History, Economics and Political Relationships*, Cheltenham, 2006.

Betz, Norbert, Ulrich Kerstein, *Börsenpsychologie. Simplified*, Munich, 2012.

Böwing-Schmalenbrock, Melanie, *Wege zum Reichtum. Die Bedeutung von Erbschaften, Erwerbstätigkeit und Persönlichkeit für die Entstehung von Reichtum*, Wiesbaden, 2012.

Bookstaber, Richard, *A Demon of Our Own Design: Markets, Hedge Funds and the Perils of Financial Innovation*, Hoboken, 2007.

Buffett, Mary, David Clark, *The Tao of Warren Buffett:Warren Buffett's Words of Wisdom: Quotations and Interpretations to Help Guide You to Billionaire Wealth and Enlightened Business Management*, New York, 2006.

Busenitz, Lowell W., "Entrepreneurial Risk and Strategic Decision Making: It's a Matter of Perspective, in *The Journal of Applied Behavioral Science*, Vol. 35, No. 3, September 1999.

Capgemini Wealth Management, *The World Wealth Report 2021*.

Chell, Elizabeth, Jean Haworth, Sally Brearley, *The Entrepreneurial Personality: Concepts, Cases and Categories*, London / New York, 1991.

Chernow, Ron, *Titan: The Life of John D. Rockefeller, Sr.*, New York, 1998.

Chiwitt, Ulrich, *Kapitalismus. Eine Liebeserklärung. Warum die Marktwirtschaft uns allen nützt*, Weinheim, 2012.

Colvin, Geoff, *Talent Is Overrated: What Really Separates World-Class Performers from Everybody Else*, New York, 2008.

Corley, Thomas, *Rich Habits: The Daily Success Habits of Wealthy Individuals*, Minneapolis, 2010.

Cunningham, Lawrence A., *The Essays of Warren Buffett: Lessons for Corporate America*, U.S.A, 2008.

Deutsches Institut für Wirtschaftsforschung (DIW), "Renditen von Immobilieninvestitionen für private Anleger," Study commissioned by Wertgrund AG, Berlin, 2014.

Druyen, Thomas, Wolfgang Lauterbach, Matthias Grundmann, *Reichtum und Vermögen. Zur gesellschaftlichen Bedeutung der Reichtums-und Vermögensforschung*, Wiesbaden, 2009.

Dürr, Stephan, *Ursachen und Auswirkungen des Home Bias bei der Portfolioentscheidung*, Norderstedt, 2007.

Duhigg, Charles, *The Power of Habit: Why We Do What We Do in Life and Business*, New York, 2012.

Ederer, Günter, *Träum weiter, Deutschland! Politisch korrekt gegen die Wand*, Munich, 2011.

Ellsberg, Michael, *The Education of Millionaires*, New York, 2011.

Erker, Harv T., *Secrets of the Millionaire Mind: Mastering the Inner Game of Wealth*, New York, 2005.

Ernst & Young, "Vertrauen zahlt sich aus. Eine Studie über das Vertrauen in Geschäftsbeziehungen von mittelständischen Unternehmen in der Schweiz," Zürich, 2008.

Faltin, Günter, *Kopf schlägt Kapital. Die ganz andere Art, ein Unternehmen zu gründen. Von der Lust ein Entrepreneur zu sein*, Munich, 2012.

Feri, *27th Feri Herbsttagung: Globaler Aufschwung: Wie stabil sind die*

*Säulen der Weltwirtschaft?* Frankfurt, 2014.

Fitzgerald, F. Scott, *The Rich Boy* (1926) in Arthur Mizener (ed.), *The Fitzgerald Reader*, New York, 1963.

Fleckenstein, William A., Frederick Sheehan, *Greenspan's Bubbles: The Age of Ignorance at the Federal Reserve*, New York, 2008.

Fleischhauer, Jan, *Unter Linken. Von einem, der aus Versehen konservativ wurde*, Reinbek bei Hamburg, 2009.

Flossbach, Bert, Philipp Vorndran, *Die Schuldenlawine. Eine Gefahr für unsere Demokratie, unseren Wohlstand und Ihr Vermögen*, Munich, 2012.

Forbes Special Edition 2019, *The Forbes 400: The Definitive Ranking of the Richest People in America.*

Fox, Justin, *The Myth of the Rational Market: A History of Risk, Reward, and Delusion on Wallstreet*, New York, 2009.

Freeland, Chrystia, *Plutocrats: The Rise of the New Global Super Rich and the Fall of Everyone Else*, New York, 2012.

Frese, Michael, Judith Stewart, Bettina Hannover, "Goal Orientation and Planfulness: Action Styles as Personality Concepts" in *Journal of Personality and Social Psychology*, Vol. 52, 1987.

Frese, Michael, "The Psychological Actions and Entrepreneurial Success: An Action Theory Approach," in Baum, J.Robert, Michael Frese, Robert A.Baron (ed.), *The Psychology of Entrepreneurship*, Londo,2012, loc. cit., 151–189, quoted as: Frese, Michael, *"The Psychological Actions and Entrepreneurial Success: An Action Theory Approach."*

Fridson, Martin S., *How to be a Billionaire: Proven Strategies from the Titans of Wealth*, Hoboken, 1999.

Friedman, Milton, *Capitalism and Freedom*, Chicago, 1962.

Gilder, Georg, *Reichtum und Armut*, Berlin, 1981.

Gernig, Kerstin, *Werde, was du kannst! Wie man ein ungewöhnlicher Unternehmer wird*, Hamburg, 2014.

Glatzer, Wolfgang, Oliver Nüchter and Jens Beck, et al., *Reichtum im Urteil der Bevölkerung. Legitimationsprobleme und Spannungspotentiale in Deutschland*, Opladen / Farmington Hills, 2009.

Göbel, Sigrun, "Persönlichkeit, Handlungsstrategien und Erfolg," in Frese,

*Erfolgreiche Unternehmensgründer*, loc. cit., 99–122.

Göbel, Sigrun, Michael Frese, "Persönlichkeit, Strategien und Erfolg bei Kleinunternehmern in Moser, Batinic, Zempel," loc. cit., 93–114.

Greenspan, Alan, *The Age of Turbulence: Adventures in a New World*, New York, 2007.

Gregg, Samuel, *Becoming Europe: Economic Decline, Culture, and How America Can Avoid a European Future*, New York / London, 2013.

Grimnitz, Stefanie, *Der "Home Bias" Internationaler Investoren. Eine Untersuchung von Aktienportfolios*, Hamburg, 2012.

Habermann, Gerd, *Freiheit oder Knechtschaft? Ein Handlexikon für liberale Streiter*, Munich, 2011.

Hakim, Catherine, *Erotic Capital: The Power of Attraction in the Boardroom and the Bedroom*, New York, 2011.

Hank, Rainer, *Der amerikanische Virus. Wie verhindern wir den nächsten Crash?* Munich, 2009.

Hecher, Claus, *Anlegen wie die Profis mit ETFs*, Munich, 2013

Hill, Napoleon, *Think and Grow Rich*, New York, 1937.

Hisrich, Robert, Janice Langan-Fox, Sharon Grant, "Entrepreneurship Research and Practice: A Call to Action for Psychology," in *American Psychologist*, Vol. 62, No. 6, September 2007.

Horstmann, Ulrich, *Die Währungsreform kommt! Über Versuche der Politiker, den Euro zu retten, fehlgeleitete Finanzmärkte und wie Sie Ihr Vermögen trotzdem sichern*, Munich, 2011.

Huchzermeier, Dennis, *Home Bias bei privaten und institutionellen Investoren. Eine empirische Studie*, Hamburg, 2007.

Kaczmarek, Joel, *Die Paten des Internets. Zalando, Jamba, Groupon – wie die Samwer-Brüder das größte Internet-Imperium der Welt aufbauen*, Munich, 2014.

Kapferer, Jean-Noel, Vincent Bastien, *The Luxury Strategy: Break the Rules of Marketing to Build Luxury Brands*, London / Philadelphia / New Delhi, 2014.

Kaputa, Catherine, *You Are a Brand. How Smart People Brand Themselves for Business Success*, Boston / London, 2006.

Keppler, Michael, "Risiko ist nicht gleich Volatilität," in *Die Bank. Zeitschrift für Bankpolitik und Bankpraxis*, 11/1990.

Kiyosaki, Robert T., Sharon L. Lechter, *Cashflow Quadrant: Rich Dad's Guide to Financial Freedom*, New York, 2000.

Knight Frank Research, *The Wealth Report 2013*.

Knight Frank Research, *The Wealth Report 2021*.

Köhler, Wolfgang, *Wall Street in Panik*, Murnau, 2008.

Kommer, Gerd, "Herleitung und Umsetzung eines passiven Investmentansatzes für Privatanleger in Deutschland. Langfristig anlegen auf wissenschaftlicher Basis," (Doctoral dissertation, Erfurt 2011) Frankfurt / New York, 2012.

Krauss, Reinhard, Rudi Gro, *Wer verdient wie viel?* Renningen, 2010.

Lauterbach, Wolfgang, Alexander Tarvenkorn, "Homogenität und Heterogenität von Reichen im Vergleich zur gesellschaftlichen Mitte," in Lauterbach et al. (eds.), *Vermögen in Deutschland*, Wiesbaden, 2011.

Lauterbach, Wolfgang, Thomas Druyen and Matthias Grundmann (eds.), *Vermögen in Deutschland. Heterogenität und Verantwortung*, Wiesbaden, 2011.

Lauterbach, Wolfgang, Michael Hartmann and Miriam Ströing, *Reichtum, Philanthropie und Zivilgesellschaft*, Wiesbaden, 2014.

Leckelt, Marius, David Richter and Carsten Schröder, et al., "The Rich are Different. Unravelling the Perceived and Self-reported Personality Profiles of High-net-worth Individuals," in *British Journal of Psychology* 110 (2019), Issue 4.

Leuschel, Roland, Claus Vogt, *Das Greenspan Dossier. Wie die US-Notenbank das Weltwährungssystem gefährdet. Oder: Inflation um jeden Preis*, Munich, 2004.

Lewis, Michael, *The Big Short: Inside the Doomsday Machine*, New York / London, 2010.

Lewis, Michael, *Boomerang: Travels in the New Third World*, New York, 2011.

Locke, Edwin A., J. Robert Baum, "Entrepreneurial Motivation," in Baum, J. Robert, Michael Frese, Robert Baron (eds.), *The Psychology of Entrepreneurship*, New York, 2012.

Lynch, Peter, *One Up on Wall Street: How to Use What You Already Know to Make Money in the Market*, New York, 1989.

McClellan, Stephen T., *Full of Bull: Do What Wall Street Does, Not What It Says, To Make Money in the Market*, Upper Saddle River, NJ, 2007.

Mehlkop, Guido, *Kriminalität als rationale Wahlhandlung*, Wiesbaden, 2011.

Morand, Paul, *The Allure of Chanel*, London, 2008.

Müller, Dirk, *Crashkurs: Weltwirtschaftskrise oder Jahrhundertchance? Wie Sie das Beste aus Ihrem Geld machen*, Munich, 2009.

Murphy, Joseph, *The Power of Your Subconscious Mind*, Englewood Cliffs, NJ, 1963.

Niquet, Bernd, *Der Crash der Theorien. Eine neue Sichtweise von Wirtschaft und Börse*, Kulmbach, 1997.

Niquet, Bernd, *Keine Angst vorm nächsten Crash. Warum Aktien als Langfristanlage unschlagbar sind*, Frankfurt / New York, 1999.

Niquet, Bernd, *Wie ich erfolgreich die Finanzkrise verdrängte. Eine Collage*, Leipzig, 2010.

Pervin, Lawrence A., *The Science of Personality*, New York, 1996.

Rauch, Andreas, Michael Frese, "Born to Be an Entrepreneur? Revisiting the Personality Approach to Entrepreneurship," in Baum, J. Robert, Michael Frese and Robert Baron (eds.), *The Psychology of Entrepreneurship*, New York, 2012.

Rauch, Andreas, Michael Frese, "Psychological Approaches to Entrepreneurial Success. A General Model and an Overview of Findings," in Cooper, C.L., I.T. Robertson (eds.), *International Review of Industrial and Organizational Psychology*, Chichester.

Rickens, Christian, *Ganz oben. Wie Deutschlands Millionäre wirklich leben*, Cologne, 2012.

Robbins, Tony, *Money. Master the Game: 7 Simple Steps to Financial Freedom*, New York / London / Toronto / Sydney / New Delhi, 2014.

Rogers, Jim, *Street Smarts: Adventures on the Road and in the Markets*, New York, 2013.

Rothchild, John, *A Fool and His Money: The Odyssey of an Average Investor*, New York, 1998.

Schmitt-Rodermund, Eva, Rainer K. Silbereisen, "Erfolg von Unternehmern: Die Rolle von Persönlichkeit und familiärer Sozialisation," in Moser Klaus, Bernard Batinic, Jeanette Zempel (eds.), Göttingen, 1999.

Schmitt-Rodermund, Eva, "Wer wird Unternehmer? Persönlichkeit, Erziehungsstil sowie frühe Interessen und Fähigkeiten als Vorläufer für unternehmerische Aktivität im Erwachsenenalter," in *Wirtschaftspsychologie* 2/2005.

Schoeck, Helmut, *Envy: A Theory of Social Behavior*, Indianapolis, 1966.

Schroeder, Alice, *The Snowball: Warren Buffett and the Business of Life*, London, 2008.

Schumpeter, Joseph, *The Theory of Economic Development. An Inquiry into Profits, Capital, Credit, Interest, and the Business Cycle*, New Brunswick, 1934.

Schwarze, Norman, *Investieren in Gold*, Munich, 2011.

Schwarzenegger, Arnold, *Total Recall: My Unbelievably True Life Story*, New York, 2012.

Sehity, Tarek el, Anna Schor-Tschudnowskaja, "Vermögende in Deutschland. Die Perspektiven der Vermögensforschung," in Lauterbach, Wolfgang, Thomas Druyen and Matthias Grundmann (eds.), Wiesbaden, 2011.

Sennholz, Hans F., "Über den Abbau von Armut und Ungleichheit," in Baader, Roland (eds.), *Wider die Wohlfahrtsdiktatur*, Gräfeling, 1995.

Shiller, Robert J., *Irrational Exuberance*, Princeton, 2010.

Skopek, Norma, "Vermögen in Deutschland," in Lauterbach, Wolfgang, Michael Hartmann and Miriam Stöing (eds.), *Reichtum, Philanthropie und Zivilgesellschaft*, Wiesbaden, 47–76.

Sommer, Rainer, *Die Subprime-Krise. Wie einige faule US-Kredite das internationale Finanzsystem erschüttern*, Hannover, 2008.

Spannagel, Dorothee, *Reichtum in Deutschland. Empirische Analysen*, Wiesbaden, 2013.

Stanley, Thomas J., William D. Danko, *The Millionaire Next Door*, Atlanta, 1996.

Stanley, Thomas J., *The Millionaire Mind*, New York, 2001.

Stanley, Thomas J., *Stop Acting Rich. And Start Living Like a Real Millionaire*, New Jersey, 2009.

Staud, Wieland, *Making Money. 51 Irrtümer, die Sie vermeiden sollten*, Munich, 2011.

Staute, Jörg, *Börsenfieber*, Frankfurt / New York, 1998.

Ströing, Miriam, Melanie Kramer, "Reichtum und die Übernahme gesellschaftlicher Verantwortung," in Lauterbach, Wolfgang, Thomas Druyen and Matthias Grundmann (eds.), Wiesbaden, 2011, 95–137.

Swensen, David F., *Unconventional Success: A Fundamental Approach to Personal Investment*, New York, 2005.

Taleb, Nassim Nicholas, *The Black Swan: The Impact of the Highly Improbable*, New York, 2007.

Templeton, Sir John, *The Templeton Plan: 21 Steps to Personal Success and Real Happiness*, New York, 1992.

UBS / PwC, *Billionaires: Master Architects of Great Wealth and Lasting Legacies*, 2015.

Velten, Robert, "Die Soziologie der antiken Reichtumsphilosophie," in Druyen, Thomas, Wolfgang Lauterbach and Matthias Grundmann (eds.), *Reichtum und Vermögen: Zur gesellschaftlichen Bedeutung der Reichtums- und Vermögensforschung*, Wiesbaden, 2009.

Voegeli, William, *Never Enough: America's Limitless Welfare State*, Jackson, 2011.

Weber, Max, *The Protestant Ethic and the Spirit of Capitalism*, London / Boston, 1930.

Weimann, Joachim, Andreas Knabe and Ronnie Schöb, *Geld macht doch glücklich. Wo die ökonomische Glücksforschung irrt*, Stuttgart, 2012.

Wüllenweber, Walter, *Die Asozialen. Wie die Ober-und Unterschicht unser Land ruinieren – und wer davon profitiert*, Munich, 2012.

Wojciszke, Bogdan, Róża Bazinska and Marcin Jaworski. "On the Dominance of Moral Categories in Impression Formation," in *Personality and Social Psychology Bulletin 24*, no.12, 1998.

Zitelmann, Rainer, *Vermögen bilden mit Immobilien*, Freiburg / Munich / Berlin, 2008.

Zitelmann, Rainer, *The Wealth Elite: A Groundbreaking Study of the Super Rich*, London / New York, 2018.

Zitelmann, Rainer, *Dare to Be Different and Grow Rich: The Secrets of Self-Made Men*, London, 2019.

Zitelmann, Rainer, *The Rich in Public Opinion: What We Think When We Think About Wealth*, Washington D.C., 2020.

Zuckerman, Gregory, *The Greatest Trade Ever: How John Paulson Bet Against the Markets and Made $20 Billion*, London / New York, 2009.

图书在版编目（CIP）数据

富人的逻辑：如何创造财富，如何保有财富／（德）
雷纳·齐特尔曼（Rainer Zitelmann）著；祝得彬，李
凤芹译 . --2 版 . --北京：社会科学文献出版社，
2023.8
（思想会）
书名原文：Financial Freedom：How to Create
Wealth and Hold onto It（Revised and updated
edition 2022）
ISBN 978-7-5228-1791-0

Ⅰ.①富… Ⅱ.①雷… ②祝… ③李… Ⅲ.①经济学
-通俗读物 Ⅳ.①F0-49

中国国家版本馆 CIP 数据核字（2023）第 085946 号

思想会
富人的逻辑：如何创造财富，如何保有财富（第二版）

著 者／〔德〕雷纳·齐特尔曼（Rainer Zitelmann）
译 者／祝得彬 李凤芹

出 版 人／冀祥德
组稿编辑／祝得彬
责任编辑／吕 剑
责任印制／王京美

出 版／社会科学文献出版社·当代世界出版分社（010）59367004
地址：北京市北三环中路甲 29 号院华龙大厦 邮编：100029
网址：www.ssap.com.cn
发 行／社会科学文献出版社（010）59367028
印 装／三河市东方印刷有限公司
规 格／开 本：880mm×1230mm 1/32
印 张：7.375 字 数：165 千字
版 次／2023 年 8 月第 2 版 2023 年 8 月第 1 次印刷
书 号／ISBN 978-7-5228-1791-0
著作权合同
登 记 号／图字 01-2016-1143 号
定 价／58.80 元

读者服务电话：4008918866